Christine Volm

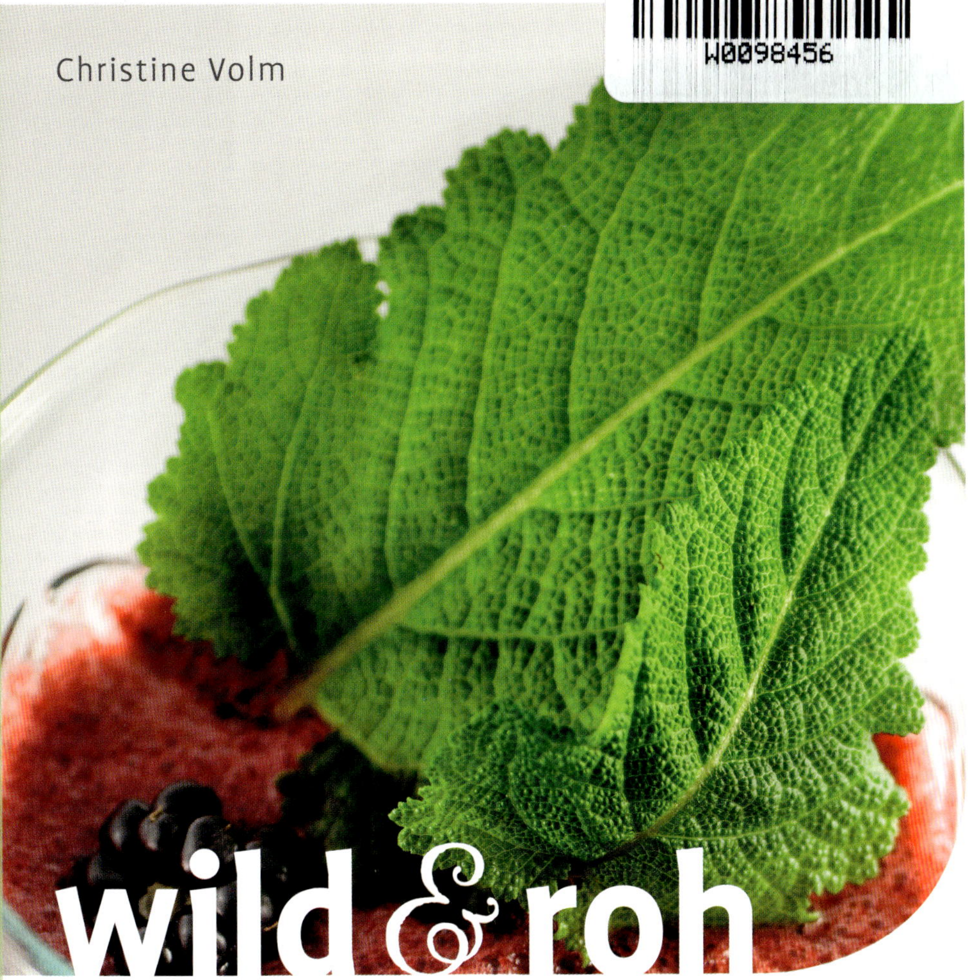

wild & roh

Die besten Smoothies mit Wildpflanzen

Supergesunde Rezepte — AUS DER VEGANEN ROHKOSTKÜCHE

Das wird hier gemixt

7 Was Sie über Smoothies mit Wildpflanzen wissen wollen

Hier finden Sie Wissenswertes, Infos zu Zutaten und Zubereitung sowie Tricks, um aus einem gewöhnlichen einen köstlich wilden supergesunden Smoothie zu machen.

8 Wilde Küchenkreationen

11 Smoothies für alle

16 Wildpflanzen – wie und wozu?

24 Smoothies zubereiten

DAS WIRD HIER GEMIXT

33 Rezepte, Rezepte …

Diese Smoothies sind so lecker, dass es gut ist, dass die Rezeptmengen jeweils für zwei Portionen reichen – denn irgendjemand will ja immer etwas abhaben.

34 *Trinkt sich so weg* •••
 Getränke und gesunde Cocktails

56 *Cremiges aus dem Glas* •••
 Frappé, Flip und mehr

70 *Zum Weglöffeln und Schlecken* •••
 Eis, Creme, Pudding, Kompott und Mousse

94 *Zum Dippen und Draufstreichen* •••
 Cremig, süß, würzig, scharf

110 *Suppenglück* •••
 Klassiker und Neues wild und roh

122 Service

122 Die Wildpflanzen im Überblick

124 Zutaten und Infos schnell gefunden

126 Die Autorin

127 Zum Weiterlesen, Bezugsquellen

Smoothies wild und roh

Ich war zunächst kein Smoothie-Fan – das muss ich zugeben. Als die Idee der Grünen Smoothies aus Amerika nach Deutschland schwappte, habe ich erst einmal den Kopf geschüttelt. „Warum soll ich den Salat nun pürieren?" Früchte und Grün, das waren die klassischen Zutaten für einen Grünen Smoothie. Oftmals bestand das Grün aus Salat – Römersalat oder Feldsalat waren zwei gerne verwendete Sorten in den Anfängen der Grüne-Smoothies-Bewegung in Deutschland. Ich aber liebe Salat und mir erschien es als Vergeudung, allenfalls für die Ernährung von Babys oder Menschen mit Schluckbeschwerden geeignet. Wenn ich Salat schmecke, dann freut sich mein Gaumen auf etwas knackiges Frisches. Salat in der Konsistenz von Brei, das ging für mich nicht.

Heute weiß ich es besser. Das hat mich meine langjährige Erfahrung mit der Zubereitung von allerlei Rohköstlichkeiten gelehrt. Jeden Tag wird bei mir irgendetwas zerkleinert, püriert oder gemixt. Aus Smoothies entstehen wunderbare Dinge mit unterschiedlicher Konsistenz und in vielen Geschmacksvariationen, nicht nur Getränke, auch Dips, Suppen, Soßen, Cremes, Puddings oder Aufstriche und sogar Eis lassen sich daraus herstellen. Und weil ich auch hier – als essenziellen Bestandteil meiner Ernährung – Wildpflanzen verwende, sind meine Smoothie-Variationen alle wild und roh.

Ich püriere bis heute keinen Salatkopf, den esse ich lieber als Salat mit leckeren Kräutern kombiniert. Aber mit den Wildpflanzen-Smoothies habe ich köstlichste Erfahrungen gemacht, die ich mit diesem Buch weitergeben möchte. Und erst durch die Wildpflanzen werden die Smoothies auch zur Heilnahrung ganz im hippokratischen Sinne.

Zugegeben, würden Sie mich fragen, welche meine Lieblingssmoothies sind – ich könnte mich schwer für ein paar wenige Varianten entscheiden. Zu sehr genieße ich die Abwechslung, welche die sich stetig wandelnde Natur durch alle Jahreszeiten für uns bereithält.

Mein Wunsch ist es, diese Art von Verbindung mit der Natur wieder für viele Menschen spürbar und sogar kulinarisch erlebbar zu machen. Wir alle brauchen diesen Zugang zur ursprünglichen Ernährung wieder, deshalb wünsche ich mir, mit diesem Buch viele Menschen erreichen zu können, die Smoothies genießen und Wildpflanzen in ihre Ernährung integrieren wollen. Ich hoffe, dieses Buch wird auch dorthin getragen, wo noch mehr Menschen erreicht werden können – in Restaurants und Kantinen, zu Köchen und den vielen Verantwortlichen in Krankenhäusern und öffentlichen Einrichtungen, damit es bald Wildpflanzen-Smoothies für alle geben kann.

Bis dahin stoße ich mit Ihnen an – auf gute Gesundheit und viel Genuss – und wünsche Ihnen viel Spaß bei Ihren Smoothie-Entdeckungen, wild und roh.

Dr. Christine Volm

Was Sie über Smoothies mit Wildpflanzen wissen wollen

Hier finden Sie Wissenswertes, Infos zu Zutaten und Zubereitung sowie Tricks, um aus einem gewöhnlichen einen köstlich wilden supergesunden Smoothie zu machen.

- 8 Wilde Küchenkreationen
- 11 Smoothies für alle
- 16 Wildpflanzen – wie und wozu?
- 24 Smoothies zubereiten

Wilde Küchenkreationen

Feste Regeln zur Zubereitung von Smoothies braucht es eigentlich nicht. Mein Credo ist: Vegan, wild und roh sollten sie sein, alles andere ist Geschmackssache.

Smoothie: Getränk oder Püree?

Smoothie, was ist das eigentlich? Diese Frage bekam ich vor einigen Jahren noch häufig zu hören, heute aber haben fast alle eine Vorstellung davon. Und doch ist die Frage nach wie vor berechtigt, denn wer kann schon eindeutig beschreiben, was ein Smoothie ist? „Ganzfruchtgetränke" wird gerne als Übersetzung angeboten, auch „Mixgetränke aus Obst". Aber ganz ehrlich – haben Sie einen Smoothie nicht auch schon einmal gelöffelt? Und richtig interessant wird die Smoothie-Zubereitung doch erst, wenn neben Obst auch noch Gemüse oder sogar Samen und Nüsse und, wie in unseren Rezepten hier, die Wildpflanzen dazukommen. Ich schlage vor: Ein Smoothie ist einfach etwas Feines, püriert oder gemixt und lecker. Damit steht uns nun nichts mehr im Weg für wilde neue rohköstlich-vegane Smoothie-Variationen.

Warum püriert?

Warum überhaupt Obst und Gemüse pürieren? Zu dieser Frage gibt es unterschiedliche Ansichten. Es ist vielleicht wie mit der Frage „Warum bereiten wir in der Rohkostküche überhaupt etwas zu?".

Geschmacksvielfalt

Ein Apfel oder eine Banane lassen sich eigentlich wunderbar direkt aus der Hand essen, ebenso die meisten Wildpflanzen, abgesehen vielleicht von der Brennnessel, die Blatt für Blatt sorgsam vorbereitet werden will, um kein unangenehmes Gefühl im Mund zu hinterlassen, und anderen stacheligen Arten. Warum sich mit der Zubereitung also Arbeit machen? Ich kann dazu nur meine persönliche Antwort geben: Ich liebe die Abwechslung und das Entdecken neuer Geschmackskompositionen, die sich erst aus der Mischung von mehreren Zutaten ergeben. Aber es ist nicht nur der Geschmack, sondern auch das Mundgefühl ein anderes, wenn sich die Konsistenz eines Gerichtes ändert. Das kennen Sie bestimmt auch: Karottensticks hinterlassen einen anderen Eindruck im Mund als Karottenspaghetti. Nicht umsonst gibt es unendlich viele Nudelformen, obwohl der Teig immer derselbe ist. Und ein Apfelmus schmeckt anders als ein Apfel, auch ungekocht.

Aufschlussreiche Theorien

Außer dem Wunsch nach Abwechslung für Gaumen und Zunge gibt es noch die Theorie, dass Nährstoffe besser verfügbar würden, weil die Nahrung durch das Verarbeiten – vor allem im Hochleistungsmixer – besser aufgeschlossen wird, da die Zellen der Pflanzen zerstört werden. Das preisen viele als Vorteil.

Andere wiederum sehen im schnellen Zerkleinern eher einen Nachteil von Smoothies, weil so die Inhaltsstoffe aus den Zellen mit Sauerstoff und anderen Inhaltsstoffen in Berührung kommen und sie dadurch oxidieren oder sich anderweitig verändern können. Beides sind Argumente, die ich einfach so stehen lassen will. Ich vertraue meinen Zähnen und meinen Verdauungssäften so weit, dass ich mir sicher bin, dass die Nährstoffe, die ich zu mir nehme, auch genutzt werden können, zumindest schließe ich das daraus, dass ich mich gesund und wohl fühle. Und wenn ich mir anschaue, wie Wildtiere, allen voran die nahe verwandten Menschenaffen, sich von rein pflanzlichem Material ohne Mixer bestens ernähren, dann bin ich mir sicher: Es ginge auch ohne. Aber warum auf die gesunden und leckeren Köstlichkeiten aus dem Mixer verzichten?

Sonntagstörtchen aus Johannisbeer-Kokos-Malvenblüten-Mousse, Rezept S. 80.

Smoothies gehören dazu

Smoothies sind für mich weder ein tägliches Muss noch ein No-Go, sie gehören zur kreativen Rohkostküche oder besser zu jeder Art von Ernährung dazu. Und alle hier vorgestellten Smoothies bieten uns zudem den Mehrwert, dass sie Wildpflanzen enthalten und so auch Wildpflanzen-Anfängern den Einstieg in die Rohkost mit Wildpflanzen erleichtern, mehr dazu ab Seite 16.

Süß oder herzhaft

Wir lieben sie alle, die leckeren süßen, leicht zu schlürfenden Getränke, deren Geschmack einfach nur zum Genießen ist. Aber irgendwann wird einem doch auch der süßeste Geschmack zu viel und uns verlangt nach Abwechslung – mir ging das zumindest so. Spätestens nach dem x-ten Erdbeer-Mango-Smoothie fangen viele zu experimentieren an und was dabei herauskommt, ist völlig unterschiedlich und reine Geschmackssache. An dieser Stelle möchte dieses Buch gerne eine Hilfe sein. Hier finden Sie die gesamte Palette von Geschmacksrichtungen – von süß über sauer bis salzig, auch leicht bittere und scharfe Smoothies sind bei den Rezepten zu finden. Außerdem finden Sie unter „Auch lecker" zusätzliche Anregungen, um sich selber an die Kreation neuer Smoothie-Rezepte wagen zu können. Fangen Sie einfach mit den Smoothies an, deren Zutatenkombination sich für Sie auf Anhieb reizvoll anhört und sicher bekommen Sie dann Lust, die anderen ebenfalls zu probieren. Und vielleicht laden Sie auch Ihre Freunde ein und probieren gleich mehrere Rezepte aus dem Buch und dazu Ihre eigenen Kreationen – Sie werden überrascht sein, wie unterschiedlich die Vorlieben sind.

Dick, dünn oder cremig

Wie mögen Sie Ihren Smoothie am liebsten? Die einen löffeln gerne, die anderen trinken lieber und für manche geht gar nichts ohne Trinkhalm. Ich bin da eher unentschlossen – manche Smoothies schmecken mir besonders gut, wenn ich sie genüsslich mit dem Trinkhalm schlürfe, andere mag ich lieber als Pudding löffeln. Letztendlich ist alles nur eine Frage des Wassergehalts und der Binde- und Gelierfähigkeit der Zutaten. Oft entstehen auch aus wenigen Zutaten mehrere Rezepte. Ein Beispiel dafür finden Sie auf Seite 99. Als „Mojo verde" (= grüne Soße) eignet sich dieser Smoothie hervorragend zum Dippen von Gemüse. Da die Mojo sehr gehaltvoll und würzig ist, kam mir die Idee, sie einfach verdünnt und um etwas Gemüse ergänzt zu einer feinen Suppe weiterzuverarbeiten, die ich gerne mit dem Löffel verspeise. So können Sie viele Smoothies variieren, andere Obst- und Gemüsearten ausprobieren, daraus auch einen Aufstrich, einen Pudding oder ein Eis zaubern. Ein Smoothie ist extrem wandelbar: Mit Wasser oder frisch gepressten Säften wird er zum Getränk, durch die Zugabe von andickendem Obst oder auch Nüssen und Samen kann er sogar ganz fest werden. Die Johannisbeer-Kokos-Malvenblüten-Mousse von Seite 80 können Sie zum Beispiel auch als Sonntags-Törtchen servieren (Foto S. 9). Dazu brauchen Sie nicht einmal weitere Zutaten, die Anleitung finden Sie beim Rezept.

Smoothies kauen

Smoothies nicht immer ganz fein zu pürieren und sie zu „kauen" ist kein Spleen von Smoothie-Fanatikern, sondern durchaus sinnvoll. Am besten Sie genießen auch die trinkbaren Smoothies langsam und Schluck für Schluck und speicheln sie im Mund gut ein, denn dort beginnt unsere Verdauung. Die Sinneszellen von Mund und Nase geben ans Gehirn den Befehl: „Verdauungsorgane vorbereiten und alle benötigten Stoffe zum Abbau, Umbau und Einbau von Nährstoffen zur Verfügung stellen."

Die Smoothies „kauen" werden sie ohnehin, wenn Sie sie zum Beispiel als Dip verwenden. Als Hilfe, die Sie daran erinnert zu kauen, können Sie Suppen oder feine Pürees und Getränke auch mit kleinen Stückchen versehen oder nicht ganz so fein pürieren.

Unschlagbar gesund und lecker:
Smoothies mit Wildpflanzen.

Smoothies für alle

Smoothies, davon profitieren alle – und manche ganz besonders. Wer glaubt, Smoothies wären nur für Kleinkinder und Zahnlose geeignet, der irrt, auch coole Jugendliche und Sportler stehen darauf.

Babys und Kinder

Gerade Kinder sind Smoothie-Fans und das können Sie sich zunutze machen, vor allem dann, wenn Sie es leid sind, täglich Obst und Gemüse oder gar Wildpflanzen anzupreisen. Wenn ihr Kind grundsätzlich all das ablehnt, dann versuchen Sie es doch einmal mit einem leckeren Smoothie zu locken. Am Anfang braucht es noch gar nicht mal ein Grüner Smoothie zu sein, es gibt ja bei den Rezepten genügend Beispiele für bunte Variationen mit Wildpflanzen.

Kinder stehen im Allgemeinen auf das sanfte Mundgefühl der Smoothies und somit können Sie die Smoothies natürlich auch nutzen, um sie an andere Geschmacksnoten zu gewöhnen. Sogar an die von Wildpflanzen – gerade wenn diese beispielsweise durch Himbeeren und Bananen abgemildert wurden.

Haben Sie Ihre Kinder so erst einmal mit den außergewöhnlichen Geschmacksnuancen vertraut gemacht, dann ist der erste und wichtigste Schritt in Richtung gesunde Ernährung schon getan. Somit sind Smoothies vielleicht auch das „Trojanische Pferd" der wilden Rohkostküche.

Bis zu einem Alter von zwei bis drei Jahren sind alle Kinder Smoothie-Fans – zumindest habe ich noch nichts anderes erlebt. Das mag vielleicht daran liegen, dass Mütter früher ihre Nahrung einfach klein gekaut und den Babys in den Mund gegeben haben, wie sich das heute noch bei Affenmüttern beobachten lässt. Sind sie noch ein bisschen älter, beginnen sie Fragen zu stellen wie: „Was ist da drin? Schmeckt das?", bevor sie kosten. Mein Vorschlag: Seien Sie ehrlich und informieren Sie Ihr Kind über alles, was Sie in den Smoothie geben und bieten Sie immer an, zunächst mal nur ein Löffelchen voll zu probieren. Wenn Ihr Kind Vertrauen zu Ihnen und Ihren Zubereitungskünsten hat, dann haben Sie die besten Karten.

Coole Jugendliche

Wenn jugendliche Rebellion auf das Thema Essen trifft, dann kann es manchmal spannend werden. Während die einen sich entscheiden, vegan zu essen und grüne Smoothies dem Sonntagsbraten vorzuziehen, kann sich die Neigung zum Widerspruch in dieser Zeit auch gegen alles richten, was gesund ist. Ich kann aus meiner Erfahrung nur sagen: Es gibt keinen Grund zur Sorge; Kinder verlernen nicht, was gesundes Essen ausmacht. Der Grundstein wurde schon viel früher gelegt und nur wegen ein bisschen Pubertät vergessen sie nicht, wie sie sich selbst gesund erhalten können.

Leichter haben es da die Eltern, deren Kinder von alleine auf den Trichter mit der coolen veganen Lebensweise und vielleicht sogar der Rohkost und den Wildpflanzen kommen. Sie können sich dann schon einmal einen Mixer und jede Menge Superfoods (siehe Seite 14) zulegen, wenn sie nicht als völlig uncool gelten wollen. Der erste Anflug von Begeisterung legt sich jedoch manchmal schnell wieder und dann ist es prima, wenn Eltern das Flämmchen am Köcheln halten, indem sie beispielsweise beim Einkaufen und Vorbereiten von Obst und Gemüse helfen. Vielleicht können sie so alle gemeinsam das Zubereiten leckerer Smoothies genießen und die Eltern auch von den neuen pfiffigen Ideen der Jugendlichen profitieren.

Haben Sie als Eltern einfach Geduld und vertrauen Sie auf die Natur. Eine meiner Klientinnen hat täglich für ihren Sohn Säfte und Smoothies mit Wildpflanzen zubereitet und ihn mit Engelszungen beschworen, sie zu trinken. Aber erst als der Sohn selber und vor allem sein Schwimmtrainer eine erhebliche Leistungssteigerung feststellen konnten, machte es Klick und es wurde mehr von dem „grünen Zeug" verlangt.

An die jugendlichen Leser hier: Lasst Euch nicht abhalten, sammelt Eure Erfahrungen – die Natur weist uns allen den Weg.

Hippe Erwachsene

Wie ich es bei den Jugendlichen beschrieben habe, merken auch immer mehr Erwachsene ganz hautnah, wie gut gesunde Smoothies tun. Sie machen uns leistungsfähig, halten uns gesund und lassen uns gut aussehen. Das ist es doch, was wir alle wollen – und Smoothies können ein Baustein auf dem Weg dorthin sein. Bewegung ist ebenso hilfreich und mindestens so wichtig wie eine gute Ernährung. Der Trend zu mehr Sport zeigt deutlich, dass sehr viele gewillt sind, für sich und ihren Körper Verantwortung zu übernehmen. Ohne gesunde Ernährung aber fehlt dem Körper einfach das, was er für die Erbringung von Leistung braucht. Beim Auto haben wir es begriffen – niemand betankt einen Diesel absichtlich mit Benzin. Unsere Körper funktionieren auch nur mit dem richtigen Treibstoff, alles andere ist eine Belastung oder schlimmer noch ein Krankheitsauslöser.

Die Trendwende scheint nun aber auch im Bereich der Ernährung eingeleitet. Viele wissen mittlerweile, dass gesunde Ernährung mehr ist als die nächstbeste Diät mitzumachen. Oft wird dabei aber vergessen, dass es ganz einfach ist, sich gesund zu ernähren; für manche geht es nur noch darum, bestimmte Lebensmittel wegzulassen. Gleichzeitig wird der Markt für Diätprodukte und Nahrungsergänzungsmittel immer größer – dabei brauchen wir das alles nicht. In der Einfachheit liegt das Geheimnis

Gartengrüner veganer Kefir, Rezept S. 63.

für einen gesunden Geist und einen gesunden Körper – so wie Hippokrates es schon vor rund 2400 Jahren gesagt haben soll: „Eure Nahrungsmittel sollen eure Heilmittel und eure Heilmittel sollen eure Nahrungsmittel sein!"

Smoothies sind ideal, wenn Sie einen ersten Schritt gehen wollen. Sie liefern zumindest einmal das, was oft fehlt:

Vitamine, Mineralstoffe und sekundäre Pflanzeninhaltsstoffe – im besonderen Maß gilt das für Wildpflanzen-Smoothies. Egal wie Sie sich sonst ernähren, wenn Sie mit dem täglichen Smoothie anfangen, ist der erste Schritt getan. Ihre Einstellung zur Ernährung wird sich ändern, weil Sie plötzlich den Unterschied merken zwischen einer gesunden und einer ungesunden, belastenden Mahlzeit. In meinen Kursen höre ich es unzählige Male: „Ich habe ursprünglich mit Smoothies angefangen und jetzt wollte ich mal sehen, wie ich meine Ernährung noch optimieren kann." Wenn Sie bisher noch gar nicht über Ernährung nachgedacht haben, aber merken, dass Sie jetzt endlich mal etwas für Ihre Gesundheit tun wollen, dann suchen Sie sich hier die einfachsten Rezepte heraus und starten damit – alles andere kommt von alleine.

Superfoods

So werden Lebensmittel genannt, die besonders reich an gesunden Inhaltsstoffen sind. Dazu gehören Heidelbeeren ebenso wie Algen, Kakaobohnen, Chiasamen, Shatavariwurzel und Lucumafrüchte, und unsere heimischen essbaren Wildpflanzen könnte man auch dazuzählen. Sie sehen, es gibt keine scharfe Trennung – alles was gesund ist, ist letztendlich super für uns. Hier werden unter diesem Begriff meist solche Superfoods aufgeführt, die Sie getrocknet und oft auch pulverisiert – aber in Rohkostqualität – im Angebot spezialisierter Rohkost-Shops finden können.

Gesunde Sportler

Das Beispiel mit der Leistungssteigerung für Sportler habe ich schon bei den Jugendlichen beschrieben, aber ich will hier noch einen Schritt weitergehen.

Sportler, und jetzt meine ich solche, die wirklich viel Sport treiben, haben einen höheren Bedarf an Nährstoffen. Für diese Gruppe gibt es einen Markt mit Pülverchen und Riegeln in Großpackungen. Sündhaft teuer sind diese „Spezialprodukte". Ich habe mir einmal so ein Geschäft für Sportlernahrung von innen angesehen: In großen Plastikcontainern werden die Pulver dort angeboten. Dann habe ich mir die Zusammensetzung angeschaut und bin wirklich erschrocken – nichts von all dem würde ich meinem Körper zumuten wollen. Es gab auch ein veganes Produkt darunter und was war drin? Reines Erbsenprotein, „schonend hergestellt".

Ob solche Produkte, die infolge des Verarbeitungsprozesses nur noch einen Bruchteil der ursprünglichen Inhaltsstoffe aufweisen, immer noch gekauft würden, wenn die Konsumenten wüssten, dass es viel einfacher ist, gesund zu essen, und dass sie damit viel mehr Nährstoffe aufnehmen und auf Nahrungsergänzungsmittel verzichten könnten? Ich habe bei der Rezeptauswahl ganz bewusst ein paar aufbauende, reichhaltige Smoothie-Rezepte dazugenommen, mit denen auch Sportler gut versorgt ihre Leistung erbringen können, wie beispielsweise auf den Seiten 60 und 64. Und für diejenigen, die gerne noch ein Extraplus zu ihrer täglichen Nahrung hinzufügen möchten, gibt es viele Tipps zum Einsatz von Superfoods.

Granatapfel-Granita, Rezept S. 91.

Gesundende und weise Alte

Haben Sie sich einmal angesehen, was es in den meisten Krankenhäusern und Seniorenheimen zu essen gibt? Man könnte sagen: Smoothies. Allerdings bestehen diese aus einem totgekochten Allerlei konventioneller Lebensmittel in verschiedenen Farben. Der Geruch alleine ist schon so abstoßend, dass ich mir nicht vorstellen kann, so etwas zu essen. Und noch weniger kann ich mir vorstellen, davon gesund zu werden. Noch schlimmer ist die „Weltraumnahrung", die besonders den Schwächsten unter den Kranken zur Stärkung verabreicht wird, häufig irgendwelche angereicherten Fette und Kohlenhydrate mit künstlichen Aromastoffen. Es kann nicht so schwer sein, Bananen und Äpfel frisch zu pürieren und mit etwas Zitronensaft und Grün – wenigstens Grünkohl oder Spinat – zu ergänzen. Sogar Kräuter wie Kleiner Wiesenknopf oder Brennnesseln könnten verwendet werden, sie werden ja auch angebaut. Das wäre alles besser, als diese künstlichen Produkte, die zudem sehr teuer sind. Grüne Smoothies könnten Kranken in der Rekonvaleszenz schneller auf die Beine helfen und altersschwache Menschen wieder kräftigen. In dieser Form könnten diese Menschen viele wertvolle Inhaltsstoffe zu sich nehmen, die sie vielleicht nur deshalb nicht aufnehmen können, weil ihnen zum Kauen einer frischen Rohkost (noch) die Kraft fehlt oder ihnen niemand hilft.

Ich erlebe in meinen Kursen so viele rüstige Senioren, die erst im Alter angefangen haben, für sich zu entdecken, wie sie ihre Gesundheit bewahren oder wieder verbessern können. Und vielen sind Smoothies dabei eine große Hilfe. Wie oft habe ich gehört: „Wenn wir das nur früher gewusst hätten, was wir heute wissen, wäre uns vieles erspart geblieben."

Damit wir uns nicht falsch verstehen: Smoothies sind kein Allheilmittel und erfordern auch erst einmal etwas Auseinandersetzung mit der Thematik. Wenn Sie krank sind und Medikamente nehmen müssen, sollten Sie sich hierzu und speziell zur Verwendung von Wildpflanzen umfassend informieren und eine Ernährungsberatung in Abstimmung mit dem Arzt Ihres Vertrauens in Erwägung ziehen. Siehe dazu auch Seite 126.

Wildpflanzen – wie und wozu?

Wildpflanzen sind die Zutaten, die den Smoothie-Rezepten in diesem Buch den ganz besonderen Kick verleihen. Sie reichern sie nicht nur mit mehr Inhaltsstoffen an, als es die meisten anderen Zutaten tun können, sie machen sie auch kulinarisch besonders reizvoll.

Vorteile von Wildpflanzen

Erst durch die Wildpflanzen bekommen wir jede Menge wertvoller Inhaltsstoffe zur Verfügung gestellt, die wir durch den Verzehr kultivierter Pflanzen alleine niemals aufnehmen könnten. Unsere Kulturpflanzen haben in Folge der Züchtung über viele Tausend Jahre eine Menge ihrer wertvollen Inhaltsstoffe verloren. Durch all unsere züchterischen Bemühungen, die Naturprodukte noch mehr zu verbessern, sie noch schöner, praller, schmackhafter und vor allem transportfähiger, haltbarer und besser verarbeitbar zu machen, wurden die für uns so wichtigen Inhaltsstoffe so weit reduziert, dass wir heute Mangel leiden, wenn wir uns nur von Kulturpflanzen ernähren. Bestens versorgt sind wir dagegen mit Kohlenhydraten aus angebauten Gräsern, hauptsächlich Weizen, die es in der wilden Natur in dieser Menge nie gab. Proteine aus Fleisch und Milchprodukten machen denen, die sie verzehren, häufig mehr zu schaffen, als dass sie zu ihrer Gesundheit beitragen würden. Auch mit Fetten sind wir überversorgt. Die Frage ist nicht mehr: Wie werde ich satt? Die Frage muss heute lauten: Wie versorge ich mich mit dem, was wichtig ist? Dazu gehören nicht nur Vitamine und Mineralstoffe, sondern auch und im Besonderen die sogenannten sekundären Pflanzeninhaltsstoffe.

Die oft unscheinbaren Kräuter, die Blätter von Bäumen, Wildfrüchte, Samen und Wurzeln sind unsere ursprüngliche Nahrung. Sie zu verzehren ist keine Mode. Wildpflanzen haben sich im Laufe der Evolution gemeinsam mit uns Menschen entwickelt, sie sind unsere Urnahrung, sie haben uns gesund und am Leben erhalten bevor wir überhaupt etwas angebaut haben.

Wirkungsvolle Inhaltsstoffe

Mehr Bitterstoffe beispielsweise unterstützen nicht nur unsere Verdauungsorgane und lassen sie effizienter arbeiten, sie kräftigen auch das Herz und halten es jung. Bitterstoffe wirken außerdem positiv aufs Gemüt. Diese Wirkung ist vor allem in der lichtarmen Jahreshälfte, wenn viele Menschen mit depressiver Verstimmung zu kämpfen haben, ein starkes Argument für deren Verzehr. Dumm nur, dass unser Gemüse heute kaum mehr Bitterstoffe enthält, sogar der Chicorée schmeckt mild und süßlich. Ebenso fehlen uns Gerbstoffe, Senfölglykoside, Phytoöstrogene und so weiter, die Liste ist lang, vor allem, wenn man nicht nur die verschiedenen Gruppen, sondern auch die einzelnen Inhaltsstoffe aufzählen wollen würde.

Die Wildpflanzen sorgen also ganz einfach für mehr Gesundheit. Und Smoothies sind ideal für Anfänger, um diese Wildpflanzen zu nutzen und sie dem Körper mühelos und in größerer Menge zuzuführen. Der Zugang zu den Wildpflanzen ist mittels Smoothie ein ganz leichter. Es müssen nur wenig bis keine geschmacklichen Hürden genommen werden und Sie brauchen sich nicht mit eventuell ungewohnten Konsistenzen auseinanderzusetzen. Die Menge Wildpflanzen, die wir in einem Smoothie zu uns nehmen, ist daher oft größer als Wildpflanzen-Anfänger pur verzehren würden; zwei Handvoll Giersch zu verspeisen, fällt nicht jedem auf Anhieb leicht. Aber – und das ist ein entscheidendes „Aber" – dieser Vorteil hat auch eine Kehrseite.

Sind Smoothies trügerisch?

Ja, an dieser Stelle muss es einmal gesagt werden: Bei allen Vorteilen, die Smoothies und besonders Wildpflanzen-Smoothies bieten, es gibt auch einen Nachteil. Aber keine Sorge, dieser Nachteil ist nur einer, wenn wir nicht achtsam bleiben und die wichtigsten Grundregeln, siehe Seite 18, missachten. Dennoch komme ich hier nicht umhin, zu erklären, warum Smoothies trügerisch sein können. Smoothies betrügen unseren Geschmacks- und unseren Geruchssinn. Was wir über die Zunge wahrnehmen, sind nur die primären Geschmacksrichtungen sauer, salzig, bitter und süß, dazu „umami" als zusätzliche Geschmacksempfindung für Glutamat, was man mit herzhaft oder wohlschmeckend übersetzen könnte. Die Düfte, welche unsere Nase verarbeitet, machen den weit größeren Teil eines Geschmacksbildes aus. Auch wenn wir heute längst nicht mehr diese geschulte Wahrnehmung und häufig auch schlicht keine Worte dafür haben, könnten wir 10.000 verschiedene Düfte unterscheiden. Unser Geschmacks- respektive Geruchssinn ist es auch, der uns Hinweise geben kann, wenn etwas mit unserer Nahrung nicht stimmt, so reagieren wir etwa stark auf Gerüche von Verdorbenem. Beim Schmecken sind wir nun aber nicht mehr trainiert und je mehr Zutaten miteinander vermischt werden, umso schwieriger tun sich unsere Sinne. Manches Kraut, das im Smoothie zusammen

Sekundäre Pflanzeninhaltsstoffe

Während die Wissenschaft vor wenigen Jahren noch davon ausging, es gäbe nur einige Tausend dieser Stoffe, wissen wir heute: Vermutlich sind es so viele, wie es Pflanzenarten gibt, Hunderttausende mindestens. In jeder Pflanzenart finden wir diese Stoffe, je nach Art unterscheiden sie sich nicht nur in ihrem chemischen Aufbau, sie kommen auch in unterschiedlichen Kombinationen und unterschiedlicher Menge in Pflanzen vor. (Ausführliches zum Thema Inhaltsstoffe finden Sie in meinem Buch „Meine liebsten Wildpflanzen – rohköstlich", siehe Service Seite 127.)

Wildfrüchte für die Rosige Rote Grütze, Rezept S. 75.

Grundregeln zur Verwendung von Wildpflanzen

Sie werden sich jetzt eventuell fragen, wie viel Sie von welcher Pflanze in Ihren Smoothie geben können. Diese Frage ist verständlich und besser als jetzt gleich loszurennen und einfach jede Menge Wildpflanzen zu suchen, um sie zu Smoothies zu verarbeiten. Aber ich halte es für falsch, hierzu feste Angaben zu machen – obwohl in manchen Veröffentlichungen bestimmte Mengen für einzelne Pflanzen angegeben werden.

Zwei Gründe sprechen aus meiner Sicht dagegen: Erstens, weil wir in Wildpflanzen keine definierten Mengen an Inhaltsstoffen vorfinden, sondern der Gehalt schwanken kann, weil er abhängig ist vom Standort, vom Boden, von der Witterung, Sonneneinstrahlung etc. Zweitens haben wir Menschen nicht alle denselben Bedarf. Während die einen Oxalsäure gut vertragen können, ist sie für andere eher problematisch; und Menschen, die viele Bitterstoffe brauchen, werden andere Pflanzen bevorzugen als diejenigen ohne Defizit in dieser Richtung.

Allen dieselbe Menge an bestimmten Wildpflanzen zu empfehlen, würde heißen, ihre individuell unterschiedlichen Bedürfnisse zu ignorieren. Dass diese Praxis nicht unbedingt empfehlenswert ist, ist eine Erfahrung, die uns die klassische Medizin gelehrt hat. Kommen wir also weg vom „Viel hilft viel" und davon, alles in ein Schema pressen zu wollen. So funktioniert es in der Natur eben nicht. Wenn Sie Wildpflanzen in Smoothies verwenden wollen, dann gehen Sie folgendermaßen vor:

mit süßen Früchten gar nicht auffällt, würden Sie pur vielleicht gar nicht essen, weil Sie der Geschmack abstoßen würde.

Unsere erste Instanz, die darüber wacht, was wir zu uns nehmen – unser Geschmack – kann also mit Smoothies ausgetrickst werden. Da hilft nur eines: Sie sollten wissen, was Sie tun.

1. Verwenden Sie nur die Menge an essbaren Wildpflanzen in Ihrem Smoothie, die Sie persönlich auch pur verzehren würden. Nähern Sie sich bewusst den Pflanzen, machen Sie sich deren Eigenschaften vertraut, kosten sie davon und versuchen Sie herauszufinden, was Ihnen Ihr individueller Geschmack an Rückmeldung gibt, dann finden Sie die für Sie geeigneten Pflanzen und die richtige Menge schnell heraus. Und schummeln Sie lieber nicht. Ein Blatt von einer intensiv schmeckenden Pflanze ist manchmal schon die für Sie persönlich ausreichende Menge, dann verwenden Sie auch im Smoothie erst einmal nicht mehr davon. Eingängige und in großer Menge verwendbare Pflanzen werden Sie schnell identifizieren, weil Sie merken, dass Sie nach der ersten Handvoll immer noch Appetit darauf haben. Dazu können beispielsweise Lindenblätter oder Malvenblätter, aber auch Brennnesseln oder Giersch gehören. Die Brennnessel ist insofern eine Ausnahme, als Sie es uns durch ihre Brennhaare etwas unkomfortabel macht, sie pur zu essen – daher hier der Tipp: Bei Brennnesseln können gesunde Menschen nichts falsch machen, die können Sie auch in großer Menge im Smoothie verarbeiten.

2. Bleiben Sie achtsam. Der Bedarf an bestimmten Inhaltsstoffen ändert sich mit zunehmendem Alter und unserer damit verbundenen individuellen Entwicklung. Manche Inhaltsstoffe brauchen wir, auf andere können wir verzichten. Beispielsweise haben Kinder meist keinen Mangel an Bitterstoffen, darum schmecken sie vielen auch nicht. Bieten Sie Kindern dennoch ab und zu etwas Bitteres an, so lernen sie selber zu entscheiden. Bei vielen Erwachsenen ist dagegen der Bedarf an Bitterstoffen groß. Nicht umsonst versuchen viele, ihn mit Kaffee zu decken, was aus meiner Sicht den Mangel nur größer werden und den Bedarf an Bitterstoffen und damit leider auch das Verlangen nach Kaffee steigen lässt. Das Verlangen nach Wildpflanzen entsteht meist erst dadurch, dass wir sie überhaupt erst einmal essen. Vorher können wir es nicht spüren, weil wir ihren

Immer gilt: Kein Risiko eingehen!

Verwenden Sie nur diejenigen Pflanzen, die Sie sicher bestimmen können und von denen Sie wissen, dass sie sicher essbar und der Gesundheit förderlich sind. Um eine Gefährdung durch Verzehr von Giftpflanzen zu umschiffen, sollten Sie niemals von unbekannten Pflanzen kosten. Wir wissen alle nicht im Detail Bescheid darüber, wie unsere körperliche Konstitution und unsere momentane Disposition sind. Und auch diejenigen, die sich gesund ernähren, sind nicht unverwundbar. Bleiben Sie deshalb achtsam im Umgang mit Wildpflanzen. Ängstlichkeit ist nicht vonnöten, dennoch ist es sinnvoll, sich ernsthaft mit diesem Thema zu befassen und die Pflanzen vor dem Verzehr erst einmal kennenzulernen.

Geschmack nicht kennen und unser Körper und unser Gehirn keine „Verknüpfung" mit den benötigten Inhaltsstoffen herstellen konnte. Probieren Sie daher auch immer wieder diejenigen unter den essbaren Wildpflanzen, die Ihnen zunächst gar nicht geschmeckt haben – gerade Anfänger bemerken oft, dass ihr Geschmackssinn beim Thema Wildpflanzen noch Nachholbedarf hat und sich die Geschmacksempfindungen gerade am Anfang schnell ändern können.

❸ Abwechslung ist Trumpf. Da alle unsere Wildpflanzen wirksame Inhaltsstoffe besitzen, ist Abwechslung bei der Auswahl der täglichen Wildpflanzenration empfehlenswert. Stellen Sie sich vor, Sie würden ausschließlich ein oder zwei Wildpflanzenarten zu sich nehmen, das würde bedeuten, Sie würden auch immer dieselben Organe und Stoffwechselprozesse im Körper anregen und andere nicht. Das geht gut, wenn es sich um niedrigkonzentrierte und nicht so stark wirksame Inhaltsstoffe handelt. Bei stärker und gezielt wirkenden Inhaltsstoffen, kann es

Fichtenspitzen-Smoothie, Rezept S. 40.

für das einzelne Organ aber auch zu viel der Anregung werden. Wenn Sie die Wildpflanzenauswahl variieren, variieren Sie automatisch auch die Inhaltsstoffe. Auch innerhalb von Pflanzenfamilien, deren Pflanzenarten oft ganz ähnlich schmeckende Inhaltsstoffe aufweisen, ist es sinnvoll abzuwechseln. So nehmen Sie beispielsweise unterschiedliche Senfölglykoside zu sich, wenn Sie heute die Knoblauchsrauke und übermorgen das Wiesen-Schaumkraut verspeisen – beide gehören zur Familie der Kreuzblütengewächse. Letztendlich macht es uns die Natur vor, je nach Jahreszeit ändert sich das Angebot an Wildpflanzen immer wieder und so können auch Sie prima abwechseln.

Was ist mit dem Fuchsbandwurm?

Das werde ich oft gefragt, aber die Panik war und ist unbegründet. Alle relevanten Institutionen haben längst Entwarnung gegeben.

Wildpflanzen sammeln

So, nun kann es also losgehen mit dem Sammeln und Verwenden von Wildpflanzen. Im Serviceteil dieses Buches (ab Seite 122) finden Sie eine Liste aller hier verwendeten Pflanzen mit ihren deutschen und ihren botanischen Namen, sowie weiterführende Literatur, auch zur Pflanzenbestimmung.

Finden und erkennen üben

Wenn Sie noch Anfänger sind oder sich noch etwas unsicher fühlen, dann möchte ich Ihnen ans Herz legen, sich nicht nur mithilfe von Literatur fortzubilden. Wenn Sie noch kaum Erfahrung haben oder gar keine Wildpflanzen kennen, empfehle ich Ihnen eine Exkursion unter fachkundiger Führung oder ein Personal Coaching. Dabei können Sie lernen, welche Pflanzen Sie wo finden können, ob und wie viele Sie davon essen können und welche Sie tunlichst nicht sammeln sollten. Außerdem lernen Sie die Pflanzen zu entdecken, sie wahrzunehmen, zu erspüren, wo etwas wächst und Sie erfahren mehr über die Inhaltsstoffe und Wirkungen der Pflanzen.

Fangen Sie dann einfach an, die wenigen Pflanzen, die Sie bereits kennen, zu nutzen und erweitern Sie nach und nach Ihr Repertoire. Es ist viel einfacher als Sie vielleicht denken und mit den richtigen Tipps werden Sie bald keinen Smoothie ohne Wildpflanzen mehr trinken.

Grün oder bunt?

Auch wenn ich mir ganz einig bin mit den vielen Fans der Grünen Smoothies, dass wir gar nicht genug des wertvollen Chlorophylls zu uns nehmen können, möchte ich an dieser Stelle sagen: Es darf auch mal bunt sein. Es gibt so viele leckere Wildfrüchte und auch Wurzeln, Blüten und Samen, die wir nutzen können. Auch wenn es diesen an Chlorophyll fehlt, können sie überaus reich an Inhaltsstoffen sein, wie beispielsweise Sanddorn oder Hagebutte, Löwenzahnblüten oder die Wurzeln der Wilden Möhre. Bei den vielen nicht grünen

Grundregeln zum Sammeln von Wildpflanzen

Sammeln Sie …
- nur so viele Pflanzenteile, wie Sie aktuell verwenden können; Sie können sie ein bis zwei Tage im Kühlschrank aufbewahren
- nur an vertrauenswürdigen Plätzen, auf wenig beeinträchtigten Flächen:
  - weit genug entfernt von Autoabgasen oder davor geschützt
  - mit wenig oder keinem Hundeverkehr
  - ohne Beweidung

Nicht sammeln sollten Sie …
- in Bereichen, in denen der Einsatz von Pestiziden nicht ausgeschlossen werden kann
- auf Privatflächen ohne Zustimmung des Eigentümers
- geschützte und gefährdete Pflanzenarten
- wenn von einer Art nur wenige Pflanzen vorkommen
- alle Pflanzen, die an einem Standort vorkommen; lassen Sie noch ausreichend Pflanzen stehen, damit die Art an dieser Stelle erhalten bleibt

Herbstlicher Grüner Smoothie mit Vogelmiere und Wiesen-Pippau, Rezept S. 52.

können Sie natürlich die Rezepte für die bunten Smoothies, die Sie hier finden, entsprechend ergänzen. Einige neutral schmeckende oder geschmacklich dazu passende grüne Blätter schaden allenfalls manchmal der Farbe, was für den Hausgebrauch zu verschmerzen ist.

Um Smoothies mit viel Chlorophyll anzureichern, greifen Sie am besten zu kräftig grünen Wildpflanzen, alternativ zu Gartenkräutern und Gemüse mit richtig viel Chlorophyll – Petersilie oder Grünkohl zum Beispiel.

Jahreszeitliche Verlockungen

Versuchen Sie möglichst das ganze Jahr über Wildpflanzen in Ihren Smoothies zu verwenden. Die Rezepte ab Seite 32 sind in den einzelnen Rubriken so angeordnet, dass sie durchs Jahr begleiten. Zugegeben, der Witterungsverlauf ist nicht in jedem Jahr gleich, deshalb gibt es auch keine starre Sortierung nach Monaten. Und manche Pflanze, die Sie vielleicht ins Frühjahr sortiert hätten, lässt sich im Herbst schon oder noch sehr gut finden und in der richtigen Kombination kann dann ein leckerer Smoothie zubereitet werden, den Sie vielleicht einer anderen Jahreszeit zugeordnet hätten. Nutzen Sie einfach alles, was Ihnen das Jahr über begegnet: Blüten, Blätter, Samen, Triebe und vielleicht auch Wurzeln. Trauen Sie sich ruhig, selber zu variieren und Zutaten auszutauschen – Hauptsache, die Wildpflanzen sind mit dabei.

Farbstoffen in Wildpflanzen handelt es sich übrigens ebenso um wertvolle gesundheitsfördernde Inhaltsstoffe: Carotinoide, Flavone und Anthocyane etwa, die wir nicht geringschätzen sollten.

Wenn Sie aber nicht auf das Grün im Smoothie verzichten mögen, dann

Wenn es richtig kalt ist

Die Wildpflanzen betreffend ist die kargste Zeit im Jahr oft nicht im Dezember, sondern eher zu Ende des Winters. Gerade dann, wenn uns die Energiereserven ausgehen, kann es sein, dass das Sammeln viel Zeit erfordert und die Brombeerblätter und Goldnesseln auch schon ihren Zenit überschritten haben. Aber dann ist es besonders wichtig, rauszugehen und die wieder länger werdenden Tage zu nutzen, auch wenn die Ernte spärlich ausfällt. Das Sonnenlicht fördert die Bildung von Vitamin D im Körper und die frische Luft tut unseren heizungsgeschädigten Schleimhäuten gut. Geben Sie dann nicht auf, seien Sie gewiss: Bald kommt das Frühjahr.

Getrocknetes aus der Tüte?

Auch wenn es aufwendig sein mag und Sie nicht immer die Zeit zum Sammeln finden, frische Wildpflanzen sind unschlagbar im Gehalt an Inhaltsstoffen. Schon mit dem Zeitpunkt der Ernte beginnt ihr Abbau und so sind konservierte Pflanzenteile immer nur zweite Wahl. Trotzdem können auch sie noch eine ganze Menge an Wertvollem enthalten, zum Beispiel Mineralstoffe, manche ätherischen Öle und andere Stoffe, die beim Trocknen oder Einfrieren nicht oder nur wenig abgebaut werden. Bevor Sie Ihrem Smoothie gar keine Wildpflanzen zufügen, greifen Sie lieber zu schonend Konserviertem. Aber bedenken Sie dabei, dass mit der Aufbewahrung immer Verluste verbunden sind.

Mittlerweile gibt es Trockenpulver zur Smoothie-Zubereitung auf dem Markt, die unter anderem auch Wildpflanzen und Superfoods enthalten und suggerieren, dass sie für unsere Rundumversorgung ausreichen. Aber auch diese Zubereitungen können kein Ersatz für frische Wildpflanzen sein.

Wenn Sie getrocknete Wildpflanzen verwenden wollen, achten Sie darauf, dass diese bei Rohkosttemperaturen möglichst unter 40 °C getrocknet wurden. Zumindest zum Überbrücken der etwas kargen Winterzeit, zur Zufuhr von Ballaststoffen oder Mineralstoffen sind solche Pflanzen gut geeignet. Im Winter können Sie dann immer mal etwas davon zu Ihren Smoothies geben. Ich verwende ganz gerne Brennnessel- oder Malvenblätter, auch Brennnesselsamen oder Spitz-Wegerich und getrockneten Gundermann als Gewürz – zusätzlich zum frischen Grün.

Winterstrategie

Wenn Sie im Winter morgens bei Dunkelheit die Wohnung verlassen, erst von der Arbeit kommen, wenn es schon wieder dunkel ist, und Ihnen zwischendurch keine Zeit zum Sammeln bleibt, dann können Sie womöglich nur am Wochenende rausgehen. Nutzen Sie diese Gelegenheit und sammeln Sie dann viele Brombeerblätter und Goldnesseln sowie Behaartes Schaumkraut und was sich sonst noch an Grünem findet. Bewahren Sie diese Pflanzen einfach im Gefrierfach auf – draußen hätten sie es auch kalt und das Einfrieren schadet diesen robusten Arten kaum. Gleichwohl wäre es ideal, wenn Sie Ihre Ernte zeitnah – am besten bis zum nächsten Wochenende – verzehren würden.

Smoothies zubereiten

Smoothies zubereiten kann jedes Kind. Dennoch finden Sie hier einige hilfreiche Tipps, die Ihnen die Auswahl der Zutaten, Zubereitung und Lagerung erleichtern sollen.

Was kann rein?

Grundlage der meisten Smoothies ist Obst und Gemüse, ergänzt um die wertvollen Wildpflanzen. Daneben gibt es Zutaten, welche die Smoothies beispielsweise besonders cremig, noch wertvoller oder einfach leckerer machen. Achten Sie vor allem darauf, dass möglichst alle Zutaten aus biologischem Anbau stammen. Sie werden dabei feststellen, dass es unterschiedliche Bio-Klassifikationen gibt – wenn Sie mich fragen, ist das Beste für unsere Gesundheit gerade gut genug. „Du bist, was Du isst" gilt heute viel mehr als jemals zuvor.

Obst und Gemüse – heimisch und exotisch

Meine Empfehlung lautet: Regional und saisonal geht vor, dennoch bin ich der Überzeugung, dass Fruchtarten, die in den Tropen und Subtropen wachsen, unsere Auswahl bereichern können. Wir Menschen stammen doch ursprünglich auch aus wärmeren Gefilden und können nicht nur Kokosnüsse und Avocados wunderbar verwerten. Dagegen halte ich es für unsinnig, die neuesten Entwicklungen der Nahrungsmittelindustrie mitzumachen und importierte Früchte zu kaufen, die bei uns auch wachsen – nur eben zu einer anderen Jahreszeit. Von Tafeltrauben aus Südamerika oder Erdbeeren aus Israel etwa, die hier im Winter angeboten werden, rate ich ab. Während diese Früchte bei heimischem Anbau nämlich ausreifen können, wurden die importierten oft so gezüchtet, dass sie auch im unreifen Stadium einen hohen Zuckergehalt haben; so sind sie länger lager- und über weite Strecken transportfähig und schmecken dennoch süß. Die vielen Fruchtsäuren, die darin aber noch enthalten sind, weil die Früchte gar nicht ausreifen konnten, tun uns nicht gut. Wenn wir uns saisonal ernähren, ist der ökologisch unsinnige Transport dieser Früchte überflüssig.

Kokoswasser

Das ist der Saft aus der jungen Kokosnuss, die gerne auch Pagode genannt wird. Dieses Wasser ist ganz klar, kalorienarm und voller gesunder Inhaltsstoffe. Sein Kaliumgehalt ist vergleichbar mit dem von isotonischen Getränken. Außerdem gilt eine blutdrucksenkende und herzschützende Wirkung als erwiesen. Kokoswasser sorgt auf jeden Fall für Leichtigkeit, weil es entwässernd wirkt, das werden Sie spüren.

Nutzen Sie die ganze Vielfalt der Natur – und vertrauen Sie bei Ihren Kreationen auf Ihren Geschmack. Lassen Sie sich nicht verwirren von unbewiesenen Theorien, die bestimmte Zutatenkombinationen ausschließen – orientieren Sie sich an dem, was Ihnen die Natur bietet und an Ihrem persönlichen Wohlbefinden, dann können Sie in Smoothies alles verwenden, was essbar und gesund ist.

Wenn Sie sich außerdem am jahreszeitlichen Angebot orientieren, werden Sie schnell merken, wie Sie in Winterzeiten gestärkt werden, zum Beispiel von dicht mit Nährstoffen bepackten Süßkartoffeln, Grünkohl und Boskoop-Äpfeln. Und im Sommer werden Sie spüren, wie Spargel, Erdbeeren und Kirschen für Leichtigkeit und Frische sorgen.

Wenn Sie Gemüse in Smoothies verwenden, dann muss es nicht immer nur in würzigen suppenähnlichen Zubereitungen sein, manchmal ergeben Obst und Gemüse zusammen eine wohlschmeckende Kombination, die sich nicht so richtig einordnen lässt (siehe S. 116). Aber Gemüse ist natürlich prädestiniert dazu, in Suppen und Würzsoßen eingesetzt zu werden. Anstelle der Fonds, die in der herkömmlichen Küche als Basis vieler herzhafter Rezepte verwendet werden, können Sie in der Rohkostküche Geschmacksträger wie Sellerie, Petersilienwurzel, auch Lauch, Schnittlauch oder die wilden Laucharten verwenden.

Waschen und putzen

Natürlich können Sie Gemüse und Obst waschen, wenn es nötig sein sollte, wenn Sie es aber aus dem eigenen Garten oder aus vertrauenswürdiger Quelle haben, braucht es das nicht. Ebenso empfehle ich, Wildpflanzen nur dann zu waschen, wenn sie wirklich verschmutzt sind. Es wäre schade, wenn Sie die wertvollen Mikroorganismen auf den Pflanzen wegwaschen würden – wir können sie gut brauchen für die Versorgung mit Vitamin B_{12}. Und putzen Sie nicht zu viel. Wir sind heute schnell dabei, alles scheinbar Überflüssige zu entfernen, aber Paprikasamen und Traubenkerne können auch mit in den Mixer. Auch sie bringen wertvolle Inhalts- und hilfreiche Ballaststoffe mit. Es sollte aber alles ungiftig sein – Tomatenstiel und -kelch haben im Smoothie nichts verloren.

Nüsse und Samen

Nüsse und Samen lassen Smoothies so richtig cremig werden und machen sie unwiderstehlich. Bei Zubereitungen mit Nüssen sollten Sie berücksichtigen, dass Sie die Nüsse unter Umständen einweichen sollten und dass dies etwas Zeit und Vorbereitung benötigt. Die Regel dazu ist ganz einfach: Einheimische Nüsse wie Hasel- und Walnüsse oder Mandeln werden ein bis zwei Tage

Salz sparen

Mangold und auch der Staudensellerie gehören zu den Gemüsearten mit vergleichsweise höherem Salzgehalt und sorgen für so viel Würze, dass am Salz gespart werden kann, was ohnehin anzuraten ist. Auch Tomaten sind sehr würzig und befriedigen häufig unser Verlangen nach der Umami-Geschmacksnote, siehe Seite 17.

eingeweicht, damit die Keimschutzstoffe, die für uns nicht gut verträglich sind, abgebaut werden. Ideal ist es, wenn Sie dabei das Wasser mehrmals wechseln. Bei Nüssen aus den Tropen braucht es das nicht, die Einweichzeit hängt von der Konsistenz der jeweiligen Nüsse ab und dient hier dazu, dass die Nüsse sich nachher gut pürieren lassen und sich mit den anderen Zutaten gut verbinden, es geht aber zur Not auch ohne. Je nachdem, welche Samen Sie zu den Smoothies dazugeben, werden auch sie mehr oder weniger lang eingeweicht – alle Angaben dazu finden Sie in den Rezepten.

Nüsse und Samen versorgen uns nicht nur mit wertvollen Fettsäuren, sondern enthalten zudem oft eigene, in den restlichen Pflanzenteilen nicht vorkommende Inhaltsstoffe, die ihre Verwendung nicht nur aus kulinarischer Sicht begründen.

Reichhaltige Smoothies

Denken Sie daran, dass Sie mit einem Smoothie – je nachdem welche Zutaten Sie darin verwenden – auch eine ordentliche Kalorienportion zu sich nehmen können. Gerade die reichhaltigen unter den Smoothies können eine ganze Mahlzeit ersetzen. Das ist einerseits ausgesprochen praktisch, weil Smoothies die ideale Mahlzeit für unterwegs sind, wenn Sie aber auf Ihr Gewicht achten wollen, greifen Sie lieber zu den Rezepten, die nur auf der Basis von Obst, Gemüse und Wildpflanzen hergestellt werden.

Extra süß?

Wenn es Ihnen an Süße fehlt, dann können Sie alles an Süßem verwenden, was natürlich und in rohköstlicher Qualität erhältlich ist. Dazu zählen auch Dicksäfte, wenn sie wirklich Rohkostqualität aufweisen. Mir sind in der Regel die Trockenfrüchte oder ein paar frische oder getrocknete Steviablätter am liebsten, nicht zuletzt deshalb, weil ich da sehe, was ich verwende, und mich nicht auf Herstellerangaben verlassen muss. Außerdem finde ich den Geschmack von Datteln der einfacheren Sorten, wie beispielsweise 'Deglet Nour', die überall erhältlich sind, oder Maulbeeren so neutral, dass ich nicht befürchten muss, dass sich damit der Geschmack des Smoothies ändert.

Süßer Mehrwert

Trockenfrüchte haben die Aufgabe zu süßen, aber meist auch einen gesundheitlichen Mehrwert. So enthält die Maulbeere etwa den Inhaltsstoff Resveratrol, der Gegenstand der medizinischen Forschung und ein beliebtes Nahrungsergänzungsmittel ist, weil Hinweise auf viele gesundheitlich relevante Wirkungen gefunden wurden. Verwenden Sie Maulbeeren zum Süßen, bekommen Sie diesen und andere wertvolle Stoffe im Smoothie gleich mitgeliefert.

Zerkleinern

Je nachdem, wie gut Ihr Mixer ist, müssen Sie das Obst und Gemüse vorher zerkleinern. Machen Sie das möglichst kurz vor dem Verarbeiten und nur so klein wie notwendig, damit nicht zu viele Inhaltsstoffe über die angeschnittenen Oberflächen verloren gehen.

Was wir in Smoothies nicht verwenden wollen, sind Früchte oder Fruchtzubereitungen, denen Industriezucker oder Stärke, Farbstoffe oder Aromen zugefügt wurden. Achten Sie auch darauf, dass die Zutaten nicht über 40 °C erhitzt wurden und keine Konservierungsstoffe enthalten, zum Beispiel werden Trockenpflaumen oder auch frisches Hagebuttenmark und zahlreiche andere Früchte häufig mit Sorbinsäure oder Schwefeldioxid behandelt.

Würzig und scharf

Gewürze sind oft das Tüpfelchen auf dem i im Smoothie, aber nur die richtige Dosierung sorgt für Genuss.

Greifen Sie zu natürlichen Aromen wie Zitronenschale, duftenden Samen von Anis oder Kardamom, Wildpflanzen mit viel Eigengeschmack wie Gundermann oder Wiesen-Salbei, dann bleiben Sie olfaktorisch im grünen Bereich und schulen gleichzeitig Ihren Geschmack.

Wer es gerne scharf mag, ist mit Peperoni, Chili, verschiedenen Pfefferarten und würzigen Wildpflanzen wie etwa der Knoblauchsrauke, dem Kanadischen Berufkraut, dem Weinbergs-Lauch oder den Schaumkräutern gut bedient.

Ein Klassiker unter den Smoothie-Gewürzen ist für mich der Ingwer, den ich vor allem im Winter wegen seiner wärmenden Eigenschaften in großen Mengen verwende. Aber achten Sie darauf, dass es nicht zu scharf wird. Damit der Geschmack der anderen Zutaten nicht auf der Strecke bleibt, fange ich lieber mit einer kleinen Menge an und gebe bei Bedarf nochmal etwas dazu.

Bei der Verwendung getrockneter Gewürze versuche ich, solche zu nutzen, die Rohkostqualität haben, die sonnengetrocknet oder sehr schonend bei niedrigen Temperaturen verarbeitet wurden. Eine Ausnahme mache ich allerdings bei der Vanille. Die geernteten Schoten werden nach der Ernte für wenige Minuten in heißes, aber nicht kochendes Wasser getaucht, bevor sie unter der tropischen Sonne fermentieren und anschließend getrocknet werden. Nun finde ich es aber schade, nur die kleinen Samen, das Mark, herauszukratzen und den Rest wegzuwerfen. Ich verwende daher die ganze Schote in Stücken und drücke in Sachen Rohkost mal ein Auge zu.

Ohne Frage ist es gesünder, auf die Zugabe von Salz zu den Smoothies zu verzichten und stattdessen, wo es geht, lieber den Salzgehalt verschiedener Gemüsearten zu nutzen (siehe Seite 25). Sollten Sie hie und da aber eine Prise Salz benötigen, dann wäre meine Empfehlung, natürliches ungereinigtes Meersalz ohne Zusätze zu verwenden. Das erscheint mir immer noch als die ursprünglichste Form, die der Mensch schon immer nutzen konnte, auch ohne Werkzeug.

Zu viel Aroma

Ich verwende grundsätzlich keine Aromaöle, auch nicht, wenn sie natürlichen Ursprungs sind. Diese Extrakte überfordern mit ihrer Intensität meine Nase und meinen Gaumen. Da es Auszüge und keine naturbelassenen Pflanzenteile sind, schmecken sie intensiver und damit anders als die Pflanze selbst.

„Supergesund" und „Auch lecker"

Unter den Anmerkungen „Supergesund" und „Auch lecker", die Sie bei vielen Rezepten finden, verbergen sich Informationen zu bestimmten Zutaten und ihrer gesundheitlichen Wirkung beziehungsweise Möglichkeiten zur Variation des jeweiligen Rezeptes. Manchmal finden Sie auch Zutaten aufgeführt, die Sie zusätzlich ergänzen können, um dem Smoothie noch einen besonderen Geschmack oder einen Extrakick an Gesundheit zu verleihen. Einige dieser Zutaten gehören zu den sogenannten Superfoods (siehe Seite 14). Was ich Ihnen da unter „Supergesund" empfehle, lohnt das Ausprobieren durchaus. Sie dürfen das aber auch einfach ignorieren, denn alle Rezepte können Sie genauso gut ohne diese vorgeschlagenen Ergänzungen herstellen. Wenn Sie aber Spaß daran haben, Neues zu versuchen, dann öffnet sich Ihnen hier eine Spielwiese auf der es ganz köstliche und vor allem supergesunde Dinge zu entdecken gibt.

Sollten Sie sich unsicher sein bezüglich der Verwendung und Dosierung spezieller, bei uns noch wenig bekannter Superfoods, zum Beispiel von ayurvedischen oder in der Traditionellen Chinesischen Medizin (TCM) genutzten Pflanzenprodukten, wie Triphala- oder Reishipilz-Pulver, beachten Sie bitte auch die Empfehlungen der Hersteller. Dosieren Sie Produkte mit starkem Eigengeschmack, wie etwa manche Algen oder würzige Pflanzenpulver, lieber erst einmal etwas niedriger, um nach und nach Ihrem persönlichen Geschmack gerecht zu werden.

Handvoll ist mein Maß

Sehr oft lesen Sie bei den Zutaten in den Rezepten und vor allem dann, wenn es um die zu verwendende Menge an Wildpflanzen geht, das Maß „Handvoll". Das ist im Grunde keine normierte Maßeinheit und daher nicht präzise. Aber dahinter steckt (m)eine Strategie: Ein Maß wie „Handvoll" lässt Interpretationsspielraum. Vielleicht ist Ihnen heute nach einer großen Handvoll Brennnesseln oder Löwenzahn und morgen eher nach weniger, so können Sie selbst ein bisschen variieren. Anfänger werden eher mit kleinen Händen voll zufrieden sein und erfahrene Wildpflanzenfreunde werden wohl ihre Hände richtig voll machen. Das ist genau das, was richtig ist, und damit ist dieses Maß zur Orientierung für alle gedacht, kann aber trotzdem den Bedürfnissen Einzelner gerecht werden.

Auch die anderen Zutaten verwende ich für meine Rezepte häufig in den Mengen, die mir gerade in die Hand kommen. An der ein oder anderen Stelle finden Sie Anregungen, es ebenso zu tun – alle, die es lieber genau mögen, halten sich einfach ans Rezept.

Wie krieg' ich's fein?

Das ist die große Frage, wenn es um Smoothies geht. Mittlerweile gibt es viele verschiedene Hersteller von Mixern. Dabei stellt sich zuerst die Frage, für wen welcher Mixer geeignet ist. Fangen Sie doch einfach erst einmal mit einem einfachen Pürierstab an – so habe ich es auch gemacht. Für den „Iron Banana" (Rezept auf der Umschlagklappe), meinen überhaupt ersten

Smoothie, reicht der – auch wenn die Brennnesseln dann nicht so mikrofein püriert sind. Wenn Ihnen die Smoothie-Idee aber zusagt, dann werden auch Sie sich irgendwann mit der Idee tragen, einen Hochleistungsmixer zu kaufen. Solche Profi-Geräte haben ihren Preis und kosten zwischen 450 € und 900 €, dafür bieten sie aber auch entsprechende Leistung bis 38.000 Umdrehungen bei 1200 bis 2100 Watt und gute Garantiebedingungen. Wenn Sie den Mixer täglich nutzen wollen, dann lohnt es sich auf jeden Fall, in solch ein Gerät zu investieren. Im Internet können Sie sich zu allen technischen Details gut informieren, dort finden Sie auch Vergleichstabellen und Videos, sodass es kein Problem sein dürfte, das für Sie passende Gerät zu finden.

Ganz fein wird's im Hochleistungsmixer.

Gepresst, geschüttelt und gerührt?

Smoothies können Sie unter Umständen auch noch viel einfacher herstellen – denken Sie beispielsweise an den geriebenen Apfel oder die zerdrückte Banane. Das ist allerdings eher etwas mühsam und vielleicht auch nicht mehr ganz zeitgemäß. Aber einen Tipp habe ich noch für alle, die einen Entsafter zu Hause haben. Es sollte allerdings eines jener Geräte sein, die Rohköstler bevorzugen – ein sogenannter Slow-Juicer – damit können Sie nicht nur Saft herstellen, sondern auch Smoothies. Wenn Sie beispielsweise Pflaumen und Äpfel oder Mangos und Bananen damit entsaften, erhalten Sie einen wunderbar sämigen Saft, der ohne Weiteres auch als Smoothie durchgehen kann. Sie können damit sogar Wildpflanzen entsaften und den Saft dann zum Beispiel unter das Bananenpüree mischen. Wer jedoch möglichst alles, auch die hilfreichen Ballaststoffe nutzen will, der bleibt beim Mixer.

Mixer-Tricks

Der Umgang mit Mixern will etwas geübt werden – alle sind etwas anders in der Handhabung, aber ich bin mir sicher, nach kurzer Zeit haben Sie das drauf. Ich benutze übrigens eher ungern vorgegebene Programme, ich mixe lieber „von Hand", sodass ich auf das Verhalten der zu mixenden Zutaten reagieren kann. Ich gebe auch gerne von vornherein Wasser mit dazu, sofern das im Rezept vorgesehen ist, und lasse den Mixer langsam anlaufen, bevor ich die Drehzahl erhöhe. Bei Smoothies ohne Wasserzugabe nutze ich von Anfang an den Stopfer, der zur Ausstattung meines

Mixers gehört und dazu dient, das Mixgut nach unten zu drücken. Mein Ziel dabei ist es, die Mixzeit immer relativ kurz zu halten, um eine Erwärmung des Mixgutes zu verhindern und den Verlust an Inhaltsstoffen so gering wie möglich zu halten.

Ich lese immer wieder Hinweise darauf, Smoothies würden sich beim Mixen stark erwärmen. Das kann ich so nicht bestätigen. Wer ein bisschen Übung mit dem Mixer hat, ist so schnell fertig, dass es so weit gar nicht erst kommt. Lässt sich etwas schlecht mixen, schalte ich nicht einfach höher und warte bis sich der Mixer heiß läuft, sondern versuche es mit mehreren kurzen Impulsen durch Ein- und Ausschalten oder nutze die Pulse-Funktion.

Gut aufgehoben

„Die Lagerung eines Smoothies ist manchmal vonnöten, aber nie ein Gewinn" – so könnte man meine Ansicht zum Aufbewahren von Smoothies zusammenfassen. Sie können freilich den Smoothie für den nächsten Tag auch schon am Vorabend zubereiten. Notgedrungen geht man dann aber den Kompromiss ein, mit der Zeit Inhaltsstoffe durch chemische Abbau- und Umbauprozesse zu verlieren. Je kürzer die Aufbewahrungszeit, umso besser. Je länger ein Smoothie steht, umso mehr verändert sich auch sein Geschmack. Erfahrungsgemäß schmecken mir Smoothies, die länger als 24 Stunden stehen, nicht mehr gut, daher versuche ich das zu vermeiden.

Zur Aufbewahrung empfehle ich Glasflaschen, sie sind immer noch am ungefährlichsten hinsichtlich enthaltener Schadstoffe. Perfekt ist es, wenn Sie den Smoothie im Kühlschrank aufbewahren. Und wenn Sie ihn mitnehmen wollen, können Sie die Flasche in eine Thermohülle einpacken, die diese gleichzeitig schützt und kühl hält. Für heiße Tage gibt es Kühlakkus, die man um Flaschen wickeln kann, sie halten die Temperatur für einige Stunden.

Smoothies, ein alter Hut?

Wer glaubt, ein Smoothie auf der Basis von Avocado wäre eine Neuerfindung, der irrt sich: Vielleicht waren ja sogar die Azteken die Erfinder des ersten Smoothies. Sie gelten zumindest als Erfinder eines Getränks auf der Basis von Avocadofrüchten, das später mit Rum und Zucker verfeinert wurde und an dem die europäischen Eroberer Gefallen fanden. In Ermangelung von Avocados wurde in Europa das Getränk aus Eiern hergestellt und Eierlikör genannt. Was will ich mit dieser Geschichte sagen? So, wie die Europäer damals das Getränk der Azteken kopieren wollten, versuchen

Reste gut genutzt

Dicke Smoothies, Cremes oder auch Mayonnaise lassen sich oft nicht bis zum letzten Rest aus dem Mixer holen. Süße Reste können Sie dann mit Wasser oder frisch gepresstem Saft verdünnen, Würziges mit Essig, Wasser oder auch Öl. Einfach nochmal mit der Flüssigkeit aufmixen und Sie erhalten so einen dünnen, saftartigen Smoothie beziehungsweise eine leckere Salatsoße.

wir heute Gerichte zu veganisieren oder rohköstliche Zubereitungsformen dafür zu finden. Aufgefallen ist mir das bei der Zubereitung eines „Eiersalats". Eine Zeit lang kursierten jede Menge Rezepte für veganen Eiersalat im Internet. Davon inspiriert habe ich selbst eines entwickelt, das Wildpflanzen enthält und Hühnereier durch Avocado-„Eier" ersetzt. Ich würde es aber lieber Avocadosalat nennen. Bei der Zubereitung erst ist mir aufgefallen, dass es sich doch wieder um einen Smoothie handelt, der über Avocadowürfel gegeben wird.

Ob Sie nun aus dem fein Pürierten ein Getränk, eine Suppe oder einen Pudding herstellen ist egal, was zählt, sind die vielen gesunden wilden und rohveganen Zutaten und die wertvollen Inhaltsstoffe.

Lassen Sie sich von den Rezepten im Buch inspirieren und wandeln Sie sie mithilfe meiner Vorschläge oder einfach nach Herzenslust ab. Ran an den Mixer! Lassen Sie sich nicht von Diskussionen um Namen aufhalten. Mixen Sie, was das Zeug hält und genießen Sie einfach den Spaß dabei.

Avocadosalat

Avocado-Frühlingswiese

Das Rezept für den Avocadosalat möchte ich an dieser Stelle nicht unterschlagen:

1 Handvoll Wiesen-Labkraut, 1 Handvoll Dreikantigen Lauch oder Bärlauch, 2 Handvoll Giersch, Saft von ½ Zitrone und etwas abgeriebene Zitronenschale mit dem Fruchtfleisch von 2 Avocados in den Mixer geben und mit Kala Namak (Salz mit schmeckbarem Schwefelgehalt) würzen. Beim Pürieren so viel Wasser zugeben, dass eine sehr dickflüssige Creme entsteht. Wenn Sie möchten, können Sie auch noch etwas Spirulina-Pulver zur Creme geben, siehe Seite 120, das macht die Konsistenz noch cremiger und verstärkt den Eiergeschmack. Weitere 2 Avocados in Würfel schneiden und die Creme darübergießen, dann mit Wildpflanzen zur Wiese dekorieren.

Außerhalb der Bärlauch-Saison können Sie Weinbergs-Lauch verwenden oder fein geschnittene Frühlingszwiebeln unterheben.

Rezepte, Rezepte ...

Diese Smoothies sind so lecker, dass es gut ist, dass die Rezeptmengen jeweils für zwei Portionen reichen – denn irgendjemand will ja immer etwas abhaben.

34 *Trinkt sich so weg* •••
   Getränke und gesunde Cocktails

56 *Cremiges aus dem Glas* •••
   Frappé, Flip und mehr

70 *Zum Weglöffeln und Schlecken* •••
   Eis, Creme, Pudding, Kompott und Mousse

94 *Zum Dippen und Draufstreichen* •••
   Cremig, süß, würzig, scharf

110 *Suppenglück* •••
   Klassiker und Neues wild und roh

Banane ··· Orange ··· Petersilie ··· Frühjahrswildpflanzen
frühjahrskicklecker

Wenn die Baumblätter im Frühjahr noch nicht entfaltet sind und die Kräuter sich noch zart und klein präsentieren, dann kann ich es einfach nicht mehr abwarten: Ich feiere den Übergang vom Winter zum Frühjahr mit diesem Smoothie! Er besteht aus winterlichen Zutaten wie Ingwer, Zimt und Petersilie kombiniert mit den frühlingsfrischen Wildpflanzen und der ersten Zitronenmelisse aus dem Garten.

Bananen und Orangen schälen und in grobe Stücke teilen. Den Ingwer vom Schmutz befreien oder falls notwendig auch schälen. Geben Sie dann alle Zutaten in den Mixer und pürieren Sie sie mit so viel Wasser, dass die Smoothie-Konsistenz, die Sie bevorzugen, erreicht wird. Dieses Rezept reicht auch für 4 Personen, aber vielleicht wollen Sie von diesem Frühjahrskick lieber gleich zwei besonders große Portionen genießen.

- 2 Bananen
- 2 Orangen
- 2 cm Ingwerwurzel
- 1 Bund Petersilie
- 2 Handvoll Gierschblätter
- 10 frisch aufgebrochene Lindenknospen
- 5 Triebspitzen junger Brennnesseln
- 1 Handvoll Zitronenmelisse
- 5 Löwenzahnblüten
- ½ TL Zimt
- Wasser nach Bedarf

Supergesund *

- Wen die Frühjahrsmüdigkeit aus der Bahn geworfen hat, der wird mit dieser Wildpflanzenmischung schnell wieder fit. Der Stoffwechsel wird angekurbelt, der etwas schlappe Körper gestärkt und gereinigt – und los geht's in eine neue Wildpflanzensaison.
- Wer noch mehr Grün zu brauchen glaubt, kann noch etwas Superfood in Form von Chlorellapulver dazugeben. Die kleinen runden einzelligen Süßwasseralgen versorgen uns zusätzlich mit Vitamin B_{12}, Eisen, wertvollen ungesättigten Fettsäuren und vielem anderen mehr; ein Teelöffel davon ist geschmacklich kaum auffällig, aber supergesund.

Maracuja ··· Dattel ··· Hopfenspargel
schlaftrunken bierlaunig

Im Reich der wilden Pflanzen gibt es auch eher Unnahbare, wie den Hopfen, der sich meist geprägt von abschreckender Bitterkeit zeigt. Zum richtigen Zeitpunkt geerntet aber, finden wir Zugang: Die jungen Hopfensprossen, die im Frühjahr aus der Erde lugen, schmecken fein, daher auch die Bezeichnung Hopfenspargel. Mit viel Fantasie schmeckt dieser Smoothie etwas nach Bier, vor allem aber cremig exotisch und mild.

- 5 Hopfensprossen in Längen von 10–15 cm
- 10 Datteln 'Deglet Nour'
- 4 rote Maracujas
- 1 Handvoll Blätter oder junge Triebe von der Zitronenmelisse
- Wasser nach Bedarf

Hopfensprossen sind sehr junge Triebe vom Hopfen. Sie dürfen schon etwas grün sein, wenn Sie sie ernten, sollten aber noch keine ausgeprägten stacheligen Klimmhaare haben und kaum bitter schmecken, dann sind sie genau richtig. Die Datteln entsteinen, die Maracujas halbieren und das Fruchtfleisch mit einem Löffel aus der Frucht in ein engmaschiges Sieb kratzen. Dann das Fruchtfleisch mit dem Löffel durch das Sieb passieren, sodass nur noch die Kerne zurückbleiben, diese können Sie wegwerfen oder, wenn Sie möchten, auch einpflanzen. Datteln und Maracujasaft zusammen mit Hopfensprossen und Zitronenmelisse und so viel Wasser pürieren, dass eine flüssige, leicht cremige Konsistenz entsteht.

Supergesund *

Alle in diesem Smoothie verwendeten Zutaten haben eine beruhigende Wirkung. Keine Sorge, Sie werden nicht gleich einschlafen, aber dieser Smoothie ist eindeutig für den Genuss am Ende eines Tages geeignet und wird Sie in eine entspannte Feierabendstimmung versetzen.

Mango ··· Ananas ··· Kokos ··· Süßdolde ··· Weiße Taubnessel
exotisch gaumenschmeichelnd

Wenn Süßdolde und Taubnessel im Frühjahr schon ausgetrieben haben, dann lassen die heimischen Früchte noch auf sich warten – Zeit also für Tropenobst (siehe Seite 24). In Kombination mit der zarten Lakritznote, welche die Süßdolde mitbringt, und dem süßlich-harzigen Geschmack der Taubnessel werden die tropischen Früchtchen hier zu einem neuen Geschmackserlebnis.

Alle Zutaten in den Mixer geben und fein pürieren. Bei Bedarf noch so viel Wasser hinzufügen, bis die gewünschte Konsistenz erreicht ist.

 Auch lecker
Wenn Sie keine Kokosnuss zu Hause haben, können Sie auch einfach nur Wasser oder alternativ frisch gepressten Orangen- oder Apfelsaft verwenden. Verwenden Sie Orangensaft oder eine säuerliche Apfelsorte, können Sie den Zitronensaft weglassen.

 Nicht verwechseln!
Die Süßdolde ist ein Doldenblütler und für Anfänger am Blatt alleine schwer zu erkennen. Ihre sehr großen Samen sind zwar ein hilfreiches Bestimmungsmerkmal, diese sind im Frühjahr aber noch nicht ausgebildet. Entweder Sie prägen sich die Pflanze und ihren Standort zur Zeit der Samenreife gut ein oder Sie holen sie sicherheitshalber in den eigenen Garten. Gut sortierte Gärtnereien haben von der hübschen und wohlschmeckenden Staude Pflanzen und oft auch Saatgut im Angebot.

- 150 g Fruchtfleisch von einer Mango
- 150 g Fruchtfleisch von einer Ananas
- 250 ml Kokoswasser (siehe auch Seite 24)
- Saft von 1 Zitrone
- 2 Handvoll junge Süßdoldenblätter
- 2 Handvoll Triebspitzen von der Weißen Taubnessel
- Wasser nach Bedarf

Dattel ··· Tamarinde ··· Fichtenspitzen ··· Wiesen-Salbei
zitronigleicht gesund

Wiesen-Salbei und Fichtenspitzen, ich gebe zu, das hört sich gewagt und vielleicht für manche etwas zu wild an. Aber die Fichtenspitzen schmecken frisch zitronig statt herb und verbinden sich aufs Köstlichste mit den Datteln und Tamarinden. Und obwohl der Wiesen-Salbei diesem Smoothie eine außergewöhnliche Note verleiht, schmeckt er geschmeidig süß und süffig.

- 5 Datteln
- 5 Tamarindenschoten
- ½–1 Handvoll Fichtenspitzen
- 1 Handvoll Blätter und Blütentriebe vom Wiesen-Salbei
- ca. ½–¾ l Wasser

Die Datteln entsteinen. Die Tamarindenschoten schälen, die groben Fasern entfernen und aus den Fruchtsegmenten die Kerne entfernen. Das Tamarinden- und das Dattelfruchtfleisch für ca. 2 Stunden in Wasser einweichen. Arbeiten Sie mit einem Hochleistungsmixer, kann das Einweichen auch entfallen. Die Fichtenspitzen sowie die Blätter und Blütentriebe vom Wiesen-Salbei mit den eingeweichten Früchten und Wasser pürieren.

 Auch lecker

Der Wiesen-Salbei verleiht dem Smoothie einen wirklich „wilden" Geschmack – dieser Meinung waren manche meiner Seminarteilnehmer. Was den Kennern lieb ist, ist Anfängern vielleicht zu viel. Sie können die Salbeimenge auch reduzieren oder den Smoothie nur mit den Fichtenspitzen zubereiten – auch in dieser Variante schmeckt er köstlich.

Supergesund ✻

- *Die frisch getriebenen, hellgrünen Fichtenspitzen werden aufgrund des Zeitpunkts ihres Erscheinens auch Mai-Triebe genannt. Sie strotzen geradezu vor Vitamin C und sind, solange sie jung sind, zart, weich und sehr schmackhaft.*
- *Die Tamarinde ist die „Zitrone des Orients" und der Wiesen-Salbei verjagt mit seinen ätherischen Ölen Erkältungskeime. Tauschen Sie die üblicherweise bei Erkältungen gern getrunkene „Heiße Zitrone" doch einmal gegen diesen Smoothie und Sie werden sehen, welche Kraft hier drin steckt.*

Pfirsich ··· Erdbeere ··· Beinwell
sommerleicht schlürfig

Ein sehr leichtes Püree, das mich etwas an den Cocktail-Klassiker Bellini erinnert. Anstelle von Zucker verwenden wir hier süße Wald-Erdbeeren und der Beinwell ersetzt den Champagner. Die zarten Schleimstoffe aus den Blättern unterstützen Erdbeere und Pfirsich in idealer Weise und verleihen unseren Zellen Frische von innen.

Aus den Pfirsichen die Steine entfernen und das Fruchtfleisch in grobe Stücke schneiden. Lassen Sie sich das süße Aroma der Wald-Erdbeeren nicht entgehen, wenn Sie aber nicht genügend finden, können Sie auch gewöhnliche Erdbeeren nehmen. Dann entfernen Sie nur den Fruchtstiel; verzichten Sie getrost auf das Entfernen der Kelchblätter an der Fruchtbasis – so haben Sie schon ein bisschen wertvolles Grün extra im Smoothie.

Dieser Smoothie wird besonders fein und leicht, wenn Sie Früchte und Blätter gemeinsam unter Zugabe von etwas Wasser in einem Slow-Juicer entsaften (siehe Seite 29), statt sie im Mixer zu pürieren. Aber sogar mit dem Pürierstab kriegen Sie diese Zutaten verarbeitet, auch wenn die Farbe beim Mixen nicht ganz so hübsch bleibt wie beim Entsaften. Benutzen Sie einen Pürierstab und wollen es trotzdem so fein haben wie mit dem Entsafter, können Sie das Püree anschließend durch ein feines Sieb streichen.

- 2 weiße saftige Pfirsiche
- 2 Handvoll (Wald-)Erdbeeren
- 2 Handvoll Beinwellblätter
- Wasser nach Bedarf

↪ Auch lecker
Wenn Sie das Püree weiter verdünnen mögen, können Sie dazu den leckeren Saft von jungen Kokosnüssen (Pagoden) nehmen, einen Spritzer Limettensaft und etwas zerstoßenes Eis dazugeben und fertig ist der allerbeste Sommercocktail.

Gefährlich oder gesund?
Vom Verzehr des Beinwells wird in Deutschland seit längerer Zeit schon abgeraten, wegen enthaltener Pyrrolizidinalkaloide. Diese haben sich bei Tierversuchen im Labor als leberschädigend erwiesen, wohlgemerkt als isolierter Inhaltsstoff in konzentrierter Form. Entscheiden Sie selber, ob Sie den Beinwell dennoch ab und zu verwenden wollen oder ersetzen Sie ihn beispielsweise durch Lindenblätter.

Kirsche ••• Banane ••• Kamille
kibawild

Kirsche und Banane, diese Kombination ist ein Klassiker unter den Säften, da muss sich doch ein Smoothie draus zaubern lassen? Mit den Wild-Kirschen und der Kamille wird dieser hier zu einem richtigen Gesundheitstrunk. Die Aprikosen spielen dabei ausnahmsweise eine Nebenrolle, sie sorgen für Sämigkeit und harmonische Verbindung der Geschmacksnoten.

- 4 Handvoll Vogel-Kirschen
- 3 süße Aprikosen
- 1 Banane
- Saft von 1 Limette
- 20 Kamillenblüten
- 1 Handvoll zarte junge Kamillenblätter
- Wasser nach Bedarf

Vogel-Kirschen, so werden die wilden Verwandten unserer Süßkirschen bezeichnet. Die großen Bäume können Sie im öffentlichen Grün oft finden – falls nicht, können Sie immer noch auf die Kirschen vom Markt zurückgreifen.

Die Kirschen und die Aprikosen entsteinen, die Banane schälen. Dies alles mit Limettensaft sowie Blüten und Blättern der Kamille fein pürieren. Dabei so viel Wasser zugeben, dass eine gut trinkbare, aber sämige Konsistenz entsteht, bei mir sind meist etwa 200 ml die richtige Menge.

Auch lecker
Wenn die Kirschenzeit dem Ende entgegen geht, dann sind die Sommerbeeren reif, ich mag zur Banane beispielsweise gerne Stachelbeeren. Und im Herbst können dann Brombeeren oder Pflaumen und Zwetschgen an ihre Stelle treten. Haben die Früchte selbst ausreichend Säure, können Sie den Limettensaft weglassen und stattdessen ein wenig Zimt zugeben.

Supergesund

Kamillentee war für mich immer mehr ein Schrecken als eine willkommene Hilfe. Im Smoothie und ohne „Kochgeschmack" erst habe ich die heilsamen Blüten und aromatischen Blätter der Kamille als Genuss kennengelernt. Daneben sind ihre vielerlei Wirkungen zu loben, etwa gegen Entzündungen, gegen Bakterien und Pilze, aber auch ihre krampflösenden und beruhigenden Eigenschaften.

46

Maulbeere ••• Nektarine ••• Himbeere ••• Wiesen-Labkraut
beerenfruchtluxuriös

Dieser Smoothie ist eine wahre Geschmacksexplosion. Der Trick dabei: dreierlei Püree in einem Glas, sodass die Zunge immer wieder auf einen anderen Geschmack stößt. Die Geschmacksnuancen reichen von wild-fruchtig bis samtig-süß. Die reichlich verwendeten Wildpflanzen mischen sich unauffällig unter die Maulbeeren und verleihen dem Smoothie geschmackliche Substanz.

Die Fiederblättchen der Himbeerblätter vom verlängerten Blattstiel abziehen und von möglicherweise vorhandenen Stacheln befreien. Schauen Sie genau hin, die Stacheln sitzen meist nicht nur auf dem Blattstiel, sondern auch auf den stärkeren Blattrippen blattunterseits, die Sie einfach herausschneiden können. Vom Labkraut bevorzuge ich die zarten, jungen Triebe, die im Sommer auf gemähten Flächen überall neu austreiben.

Die Maulbeeren mit dem Labkraut, den Himbeerblättern und Wasser im Mixer fein pürieren, das fertige Püree in einen Becher mit Ausgießer füllen.

Dann nacheinander die von den Fruchtansätzen befreiten Himbeeren mit dem Wasser und die entsteinten Nektarinen pürieren, sodass zum Schluss drei verschiedenfarbige Pürees fertig sind. Diese dann nacheinander in Gläser füllen und nur leicht verrühren, damit die verschiedenen Farben erhalten bleiben oder die Pürees am Glasrand entlang einfüllen, sodass eine klare Schichtung entstehen kann. Wer sich damit keine Mühe machen will, der kann auch alles zusammen pürieren, so schmeckt der Smoothie ebenfalls sehr gut.

Für das schwarze Püree:
- 1 Handvoll Himbeerblätter
- 2 Handvoll Wiesen-Labkraut
- 4 Handvoll Schwarze Maulbeeren
- ca. 4 EL Wasser

Für das rote Püree:
- 4 Handvoll Himbeeren
- ca. 2 EL Wasser

Für das gelbe Püree:
- 2 saftige Nektarinen

➡ Auch lecker
Schwarze Maulbeerbäume sind im öffentlichen Grün nicht so selten zu finden und werden von Baumschulen zum Kauf angeboten. Sollten Sie keine Maulbeeren finden, dann verwenden Sie Schwarze Johannisbeeren oder Brombeeren. Dazu können Sie getrocknete weiße Maulbeeren aus dem Rohkostsortiment im Handel kombinieren, welche dann die notwendige Süße mitbringen.

Brombeere ··· Apfel ··· Wiesen-Salbei
fruchtig wiesengleich

Die Blätter des Wiesen-Salbeis geben diesem Smoothie nicht nur ein herrliches Aroma, sie pflegen auch das Zahnfleisch und kräftigen es dank enthaltener Gerbstoffe. Die Brombeerfrüchte sorgen für viel Vitamin C und jede Menge Farbe durch enthaltene Anthocyane, welche vorzeitiger Zellalterung vorbeugen. Und der Apfel pro Tag darf natürlich auch nicht fehlen.

- 2 Äpfel, süß und etwas mürbe
- 2 Handvoll Blätter vom Wiesen-Salbei
- 2 Handvoll Brombeeren
- Wasser nach Bedarf

Die Äpfel von Stiel und Kernhaus befreien und zusammen mit den Blättern und den Beeren im Mixer pürieren, dabei so viel Wasser zugeben, dass eine homogene, nicht zu flüssige Konsistenz erreicht wird. Wie viel Wasser zugegeben werden muss, hängt entscheidend von der verwendeten Apfelsorte ab. Schön ist es, wenn der Smoothie gut zu trinken, aber nicht zu wässrig ist. Sie können die Zutaten auch in einem Slow-Juicer zusammen entsaften (siehe Seite 29), wenn Sie den Smoothie noch „saftiger" mögen.

 Auch lecker
Verzichten Sie auf Wasser und nehmen Sie zwei Äpfel mehr, eine Prise Zimt und einen Spritzer Zitronensaft und machen Sie daraus ein zart-schaumig leichtes Apfelmus mit würziger Note.

Supergesund ✳

Wenn Sie mögen, können Sie diesen Smoothie noch mit getrockneten Schisandra-Beeren würzen, sie stammen von einer Schlingpflanze, dem Chinesischen Spaltkörbchen. Einfach ein paar dieser Superfood-Beeren im Mörser zerkleinern und auf den fertigen Smoothie streuen oder einrühren. Wer die Schisandra-Pflanze selbst anbaut, was ganz leicht möglich ist, der kann auch ein paar frische Beeren mit dazugeben – sie schmecken nicht nur süß und salzig, sondern auch bitter, sauer und umami (heißt so viel wie: lecker). In der chinesischen Medizin zählen sie zu den wirksamsten Mitteln für ein langes Leben in Gesundheit, als sogenanntes Adaptogen hilft Schisandra uns, mit Stress umzugehen, wirkt kräftigend, regenerierend und leistungssteigernd.

Trinkt sich so weg ••• GETRÄNKE UND GESUNDE COCKTAILS

Apfel ••• Sellerie ••• Gojibeere ••• Labkraut ••• Fingerkraut
erquickendundlabend gojiorange

„Gojibeeren stammen doch nicht von heimischen Wildpflanzen", werden manche sagen. Der Bocksdorn, so der deutsche Name des Gojibeerenstrauchs, ist aber ein „eingebürgerter Neophyt", was so viel heißt wie: Kommt woanders her, ist aber schon lange bei uns. Bei uns finden Sie die aus Asien stammenden Gojibeeren nur an sehr warmen Plätzen, an offenen Gebüschrändern, Südhängen und überall dort, wo viel Sonne hinscheint.

Die Äpfel von Stiel und Kernhaus befreien und wie auch den Sellerie in grobe Stücke schneiden. Wenn Sie keine frischen Gojibeeren finden, können Sie gut auch getrocknete in gleicher Menge nehmen und diese für mindestens 2 Stunden einweichen. Die Datteln entsteinen. Alles mit den Kräutern und dem Limettensaft pürieren und so viel Wasser zugeben, bis eine trinkbare, aber nicht zu flüssige Konsistenz erreicht ist.

- 2 mittelgroße Äpfel einer alten, gelben Sorte, wie etwa eine 'Renette'
- 200 g von einer geputzten Sellerieknolle
- 3 EL Gojibeeren, frisch oder getrocknet
- 4 Datteln
- 1 Handvoll Wiesen-Labkraut
- 1 Handvoll Kriechendes Fingerkraut
- 1 EL Limettensaft
- Wasser nach Bedarf

⮕ Auch lecker
Wer auf Suppen mit süßer Note steht, kann diesen Smoothie auch als Suppe genießen. Dafür einfach die Datteln weglassen, etwas Ingwer und Peperoni zugeben und für den charakteristischen Suppengeschmack mit ein paar frischen Liebstöckelblättern und bei Bedarf ein bisschen Meersalz würzen.

Supergesund *

Gojibeeren sind reich an Aminosäuren, an Carotinoiden, an Mineralstoffen und an Antioxidantien, welche die Zellalterung verlangsamen. Die enthaltenen Polysaccharide wirken positiv auf die Darmflora und stärken das Immunsystem.

Melone ••• Weiki ••• Vogelmiere ••• Wiesen-Pippau
herbstlich anders

Wenn im Herbst die Wildpflanzen wieder sprießen, dann sind die Vogelmiere und der Wiesen-Pippau vorne mit dabei. Sie waren während der heißen Sommerzeit verschwunden beziehungsweise unbrauchbar und können nun wieder geerntet werden. Herbstliche Melonensorten treffen zur selben Zeit auf leckere Minikiwis, die sogenannten Weikis, die auch bei uns angebaut werden können und im Herbst erst Früchte tragen.

- 30 Weikis (ca. 150 g), ersatzweise reife grüne Kiwis
- 350 g Fruchtfleisch von einer spätreifenden Melone, zum Beispiel der Sorte 'Piel de Sapo'
- 2 Handvoll Triebe von der Vogelmiere
- 2 Handvoll Blätter vom Wiesen-Pippau

Die Weikis vom Stiel und vom Blütenansatz befreien, die Schale kann mitverwendet werden. Alle Zutaten gemeinsam im Mixer pürieren und schon ist der Smoothie fertig.

Auch lecker
Natürlich kann auch dieser Smoothie variiert werden: Sommermelonen und gewöhnliche Kiwis können mit sommerlichen Wildkräutern oder Baumblättern kombiniert werden.

Supergesund *

- *Darf es noch etwas aus dem Superfood-Sortiment sein? Dann können Sie zu diesem Smoothie ein wenig Shatavari-Pulver dazugeben, das aus der Wurzel einer asiatischen Spargelart hergestellt wird. Beim Verarbeiten im Mixer schäumt es aufgrund enthaltener Saponine und macht so den Smoothie noch fluffiger. Gleichzeitig ist die gesundheitliche Wirkung der Saponine in Shatavari unbestritten und so ist es ein altes Heilmittel im Ayurveda. Als Adaptogen hilft es, auch in Stresssituationen fit zu bleiben. Shatavari wird oft mit „Die Frau, die hundert Männer besitzt" übersetzt, aber auch „Heilmittel gegen hundert Krankheiten" genannt und wird als Verjüngungsmittel vor allem für Frauen, aber auch durchaus für Männer empfohlen.*
- *Mehr zum Wiesen-Pippau finden Sie auf Seite 76.*

54

Trinkt sich so weg ••• GETRÄNKE UND GESUNDE COCKTAILS

Süßkartoffel ••• Physalis ••• Sanddorn
sauerlustig vitaminbombig

Was die Vögel im Winter lieben, hilft auch uns: Die Sanddornbeeren gibt es schon ab August zu finden und mit ihnen können Sie eine leckere Vitamin-C- und -E-Quelle erschließen. Auch die anderen Zutaten sind wahre Vitamin- und Inhaltsstoffbomben. Die ballaststoffreiche Süßkartoffel sorgt darüber hinaus für feinste Konsistenz und macht richtig satt.

Die Süßkartoffel nur wenn nötig schälen und in grobe Stücke schneiden. Die Physalisfrüchte von den lampionartig angeordneten, trockenen Kelchblättern befreien. Alle Zutaten miteinander pürieren und bei Bedarf noch so viel Wasser zugeben, bis die gewünschte Konsistenz erreicht und der Geschmack angenehm ist. Diesen Smoothie können Sie auch etwas stärker mit Wasser verdünnen – er hat so viel Aroma, dass er auch gestreckt als Saft immer noch schmeckt und dank der Süßkartoffel auch seine homogene Konsistenz weitgehend behält.

- 150 g Süßkartoffel
- 10 Physalisfrüchte
- 4 EL Sanddornbeeren
- Saft von 6 Mandarinen, frisch gepresst
- Wasser nach Bedarf

 Auch lecker
Wer keine frischen Sanddornbeeren findet, kann auch auf getrocknete in Rohkostqualität zurückgreifen, dann reichen aber vier Teelöffel. Auch die Physalis gibt es getrocknet, hiervon nehmen Sie wie von den frischen zehn Stück. Vor dem Verarbeiten weichen Sie die Früchte für einige Stunden ein.

Supergesund *

Sie wollen noch mehr Gutes? Die Kurkumawurzel ist der Renner bei Gesundheitsfans und mittlerweile nicht mehr nur als Gewürz im Handel, sondern auch roh als frische Wurzel im Bioladen zu finden. Unzählige Wirkungen werden beschrieben, die Wurzel soll unter anderem verdauungsfördernd, antioxidativ, entzündungs- und sogar krebshemmend wirken. Sie ist außerdem mein Favorit bei Hautirritationen. Zu diesem Rezept gebe ich etwa 1–2 cm von der Kurkumawurzel hinzu.

Kakao ··· Erdnuss ··· Goldnessel
schokonussig

Manchmal muss es Schokolade sein und falls dann keine Rohkostschokolade greifbar ist, gerate auch ich in Versuchung, allerlei letztlich doch unzureichenden Ersatz zu essen. Damit ist jetzt Schluss, denn dieser Smoothie befriedigt nicht nur die Lust auf Schokolade, sondern macht auch noch satt und versorgt mich mit Grün. So werden drei Wünsche auf einmal erfüllt.

- 50 g Erdnüsse mit Haut
- 60 g Rosinen
- 1 EL Kakaopulver
- 2 Handvoll Blätter oder junge Triebe von der Goldnessel
- 1 Stück Zitronenschale, dünn abgeschält, etwa 4 cm² groß
- 1 EL Zitronensaft
- 1 EL Mesquitepulver
- Wasser nach Bedarf

Die Erdnüsse und die Rosinen 2–3 Stunden einweichen, das Einweichwasser der Nüsse danach weggießen, das der Rosinen kann mitverwendet werden. Nüsse und Rosinen dann mit den anderen Zutaten fein mixen. Dabei das Wasser nach und nach zugeben, bis eine kakaoähnliche Konsistenz erreicht ist. Etwa 500 ml Wasser insgesamt sind meist eine gute Menge, wer es gerne noch cremiger mag, nimmt weniger.

Supergesund *

- Wenn das Jahr frostig beginnt, dann ist immerhin auf die Goldnessel Verlass. Diese Taubnessel-Verwandte findet sich das ganze Jahr über, ist aber vor allem winterhart und versorgt uns auch in der richtig kalten Zeit mit frischem Grün.
- Mesquitepulver wird aus den Früchten des Süßhülsenbaumes hergestellt und ist eine meiner Lieblingsentdeckungen im Superfood-Sortiment. Das Mesquitepulver macht den Smoothie sämiger und verleiht ihm eine feine Karamellnote. Es enthält neben zahlreichen Mineralstoffen viele Ballaststoffe und ist proteinreich. Für uns von Bedeutung ist besonders die essenzielle in den Proteinen enthaltene Aminosäure Lysin, sie ist unter anderem ein wichtiger Baustein unseres Bindegewebes.

> **Auch lecker**
>
> Rosinen bringen eine eigene, manchmal leicht säuerliche Note mit, die auffällt, wenn Sie sie im Smoothie verwenden. Jede Sorte schmeckt anders – probieren Sie ruhig verschiedene aus. Wenn Sie den Kakao-Smoothie lieber einfach süß mögen, dann können Sie alternativ Datteln verwenden – besonders karamellcremig wird er mit den Sorten 'Mozafati' oder 'Barhi'.

Erdbeere ••• Mandel ••• Gundermann
eisgekühlt mandelmilchig

Wenn ein Getränk auf der Basis von Milch mit Eiswürfeln gekühlt daherkommt, dann kann es sich nur um einen Frappé handeln. So einfach können Sie sich die gesunde Variante mit Nussmilch selbst herstellen – und keine Sorge: Dieser kann mit jedem herkömmlichen Frappé mithalten und könnte daher auch in einer Milchbar auf der Karte stehen: „Frappé wild und rohvegan à la Christine".

Mandeln für mindestens 12 Stunden, besser 24 Stunden einweichen, dabei das Wasser mehrfach wechseln. Die Mandeln anschließend häuten, das geht ebenso gut wie bei blanchierten Mandeln. Die Datteln entsteinen. Mandeln, Datteln und Erdbeeren cremig mixen, den Gundermann erst zum Schluss dazugeben, damit er nicht zu klein püriert wird. Anfänger können auch erst einmal weniger Gundermann verwenden. Zum Schluss die Eiswürfel dazugeben und in wenigen kurzen Impulsen untermixen. Wenn Sie keinen Hochleistungsmixer verwenden, dann geben Sie die Eiswürfel vorab in eine Tüte und schlagen sie mit einem Hammer in kleinere Stücke, sodass Sie nicht zu lange mixen müssen und der Frappé dabei nicht zu warm wird; so klappt es auch mit einem guten Pürierstab. Sofort servieren.

- 1 Handvoll Mandeln
- 2 Datteln 'Deglet Nour'
- 250 g Erdbeeren mit den grünen Kelchblättern, ohne Stiel
- 1 Handvoll Blätter vom Gundermann
- 2 Handvoll Eiswürfel

 Auch lecker
Versuchen Sie das Rezept unbedingt auch mit Heidelbeeren oder Kiwis als Variante zu den Erdbeeren.

Supergesund *

Gundermann, auch Gundelrebe genannt, verleiht allen süßen Verführungen erst geschmackliche Tiefe. Als eine Wildpflanze, die wegen ihrer volksmedizinisch geschätzten Heilkraft traditionell gegen unzählige Krankheiten eingesetzt wurde, kann sie gar nicht oft genug verwendet werden. Auch wenn sich Anfänger mit den vielerlei Geschmacksnoten in diesem Kraut manchmal schwer tun, lohnt es sich, es immer wieder einmal zu probieren.

Erbse ··· Macadamiajoghurt ··· Postelein
lassimäßig proteinreich

Dieser Drink ist für alle Freunde des Sports gedacht, die immer noch nicht glauben, dass ihnen mit der Pflanzenkost alle Nährstoffe, auch Aminosäuren und damit Proteine beziehungsweise Eiweiß, in ausreichendem Maß zur Verfügung stehen. Macadamias und Erbsen liefern jede Menge davon, sodass mit diesem Smoothie alle richtig gut versorgt werden.

Für den Joghurt:
- 35 g Macadamianusskerne
- 350 ml Wasser
- 8 g (= ca. ⅓ Beutel) probiotisches Bio-Joghurtferment, vegan

Zusätzlich für den Smoothie:
- 100 g frisch gepalte, möglichst junge süße Erbsen
- 5 Handvoll Postelein
- 10 Minzblätter
- Saft von ½ Zitrone
- 1 Stück Zitronenschale, dünn abgeschält, in der Größe eines Daumennagels

Die Macadamianüsse über Nacht einweichen, das Einweichwasser abgießen und die Nüsse mit der angegebenen Menge Wasser fein pürieren. Danach das Joghurtferment unterrühren und den Joghurt für etwa 12 Stunden in einem Joghurtbereiter reifen lassen. Alternativ können Sie den Joghurt in einem abgedeckten Gefäß an einen warmen Ort, zum Beispiel auf oder in die Nähe der Heizung, stellen. Im Serviceteil (auf Seite 127) finden Sie Adressen, wo Sie Ferment und auch stromlos arbeitende Joghurtbereiter beziehen können.

Die hier genannte Zusammensetzung ergibt einen cremig-flüssigen Joghurt, der direkt so weiterverwendet werden kann. Wenn Sie mehr davon herstellen, können Sie ihn auch einige Tage im Kühlschrank aufbewahren.

Den Joghurt dann mit den restlichen Zutaten fein pürieren. Den fertigen Smoothie leicht gekühlt servieren, im Sommer auch mit etwas zerstoßenem Eis oder als kalte Suppe.

Supergesund *

In diesem Smoothie ist wirklich alles drin: viel Vitamin C aus Postelein und Zitrone, außerdem Magnesium, Kalzium und Eisen aus dem Grün. Dazu antibakteriell wirkende ätherische Öle aus Zitronenschale und Minze. Besonders die aus den Minzblättern sind sehr intensiv und können für empfindliche Personen auch einmal zu viel werden, daher bitte nicht überdosieren. Das Tüpfelchen auf dem i sind die probiotischen Bakterien im Joghurtferment, die für eine gesunde Darmflora sorgen.

◉ **Auch lecker**

Dieser Lassi ist weder süß noch salzig. Daher gibt es viele Möglichkeiten zur Ergänzung. Wenn Sie es gerne süß mögen, dann geben Sie zwei entsteinte Datteln und das Fruchtfleisch einer Mango hinzu. Wenn Sie es lieber würzig mögen, probieren Sie ihn mit zusätzlich einer Handvoll Basilikum und einer Tomate und schmecken Sie je nach Geschmack und Bedarf mit Meersalz ab.

Supergesund*

Je kleiner die Minigurken sind, umso besser. Dann ist durch die vergleichsweise größere Menge an Schale der Anteil an Grünem und damit an Chlorophyll viel höher. Sollten Sie keinen Borretsch im Garten haben, können Sie auch Beinwell verwenden, das schmeckt genauso gut (zum Beinwell siehe auch Seite 43).

Cashewkefir ··· Gurke ··· Kleiner Wiesenknopf
kefirfrisch gartengrün

Kefir ist das „Getränk der Hundertjährigen" und mit den Kräutern, die für diesen Kefir-Smoothie verwendet werden, ist meine Großmutter 103 Jahre alt geworden. Borretsch, Zitronenmelisse und Kleiner Wiesenknopf, den sie Pimpinelle nannte, hat sie von Frühjahr bis Herbst jeden Tag im Salat verwendet. Grund genug für mich, daraus einen Smoothie zuzubereiten, der köstlich erfrischend, leicht und supergesund ist.

Für den Kefir die Cashewkerne einige Stunden in Wasser einweichen. Anschließend das Einweichwasser abgießen und dann die Kerne mit der angegebenen Menge Wasser im Mixer ganz fein pürieren. Das Kefirferment zum Schluss unterrühren und den Kefir 24 Stunden bei 22–28 °C reifen lassen.

Damit aus dem Kefir nun der Smoothie wird, pürieren Sie ein Viertel der zubereiteten Menge möglichst fein mit den Minigurken. Erst danach geben Sie die Kräuter dazu und pürieren auch diese. Zum Schluss können Sie nach Geschmack mit einem Spritzer Zitronensaft und bei Bedarf mit Meersalz abschmecken.

Auch lecker
- Ich mache vom Kefir gerne diese große Menge, das spart Arbeit und ich kann noch verschiedene Varianten zubereiten. Sie können aber auch nur die passende Menge zubereiten, wenn Sie die Zutatenmenge vierteln. Der fertige Kefir hält sich ohne Probleme ein paar Tage im Kühlschrank.
- Mangos oder verschiedene Beeren bieten sich zur Kombination für einen süßen Kefirsmoothie geradezu an – saure Beeren brauchen allerdings etwas süße Unterstützung von Datteln oder Bananen. Die süßen Varianten können Sie mit geschmacklich neutralen Wildpflanzen wie Malven- oder Lindenblättern zubereiten.

Für den Kefir:
- 100 g Cashewkerne
- 900 ml Wasser
- 5 g (= 1 Beutel) probiotisches Bio-Kefirferment

Für 2 Smoothieportionen:
- ca. 250 ml Kefir (= etwa ¼ der zubereiteten Menge)
- 250 g Minigurken
- 1 Handvoll Borretschblätter, evtl. auch ein paar Blüten
- 1 Handvoll Blätter von der Zitronenmelisse
- 2 Handvoll oder ca. 20 Blätter vom Kleinen Wiesenknopf
- nach Geschmack: Zitronensaft und Meersalz

Chia ••• Birne ••• Lindenknospen ••• Löwenzahnblüten
porridgeersatztauglich

Chia-Brei oder -Pudding ist der beste Ersatz für klassisches Porridge oder den deutschen Haferbrei. Wenn ich früh aufstehen muss und nicht weiß, ob es zur Mittagspause reicht, dann ist dieser Smoothie ein ideales Frühstück, das lange satt macht und fit hält. Chiasamen gelten als energiespendend für viele Stunden, deshalb wurden die Samen einer mexikanischen Salbeiart schon von aztekischen Läufern als kraft- und ausdauerstärkendes Mittel genutzt.

- 3 EL Chiasamen
- ⅓ Vanilleschote
- 1 Handvoll Paranüsse, alternativ Mandeln
- 1 süße reife Birne
- 2 EL Lindenknospen
- 20 Löwenzahnblütenkörbchen
- Wasser nach Bedarf
- nach Geschmack: Zimt oder/und Zitronenschale oder/und 1 Prise Meersalz

Chiasamen und Vanilleschote zusammen über Nacht in Wasser einweichen. Die Paranüsse brauchen Sie nicht einzuweichen, sollten Sie aber Mandeln verwenden, dann diese extra 1–2 Tage einweichen und das Einweichwasser anschließend weggießen. Das möglicherweise überständige Wasser von Chiasamen und Vanilleschote können Sie weiter verwenden.

Die Birne von Stiel und Kernhaus befreien. Die Löwenzahnblütenkörbchen von den bitteren Blättern des Außenkelchs befreien und nur die gelben Zungenblüten in den Mixer geben. Die Blüten mit allen anderen Zutaten zu einem cremigen Smoothie pürieren. Dabei so viel Wasser zugeben, dass der Smoothie schön sämig bleibt, aber auch gut trinkbar ist – ungefähr 300 ml könnten passen. Nach Geschmack würzen, so kann jeder wie beim Haferbrei dem Smoothie seine Lieblingsgeschmacksnote verleihen.

➲ Auch lecker
- Wenn Ihnen eine leichte Bitternote nichts ausmacht, können Sie sich das Abzupfen des Außenkelchs sparen und die ganzen Blütenstände des Löwenzahns mit Stielansatz verwenden – dadurch wird der Smoothie nur noch gesünder.
- Würzig schmeckend und wohlig wärmend wird der Smoothie im Winter, wenn Sie anstelle der Löwenzahnblüten eine Kardamom-Kapsel und ½ Teelöffel Zimt hinzufügen.
- Anstelle der Lindenknospen können Sie auch frische oder sogar getrocknete Malvenblätter verwenden. Sie enthalten ebenso wertvolle Schleimstoffe.

Sauerkirsche ••• Mohn ••• Brombeerblätter
mohnkrümelig wintersüß

Nichts zu Hause und draußen liegt Schnee; wo kriege ich jetzt etwas Gesundes her? Da hilft nur: Rausgehen, Brombeerblätter holen – die gibt es nämlich überall, auch im dicksten Winter noch zu pflücken – und die Vorräte an Trockenfrüchten, Nüssen oder Samen aufzubrauchen, etwa für dieses Smoothie-Rezept. Wenn Sie mögen, können Sie den Smoothie im Sommer auch mit frischen Sauerkirschen ausprobieren.

Die Sauerkirschen, Sonnenblumenkerne und den Mohn über Nacht einweichen. Die Brombeerblätter in die einzelnen Fiederblätter zerteilen und aus jedem Blatt sorgfältig die blattunterseits mit Stacheln besetzte Mittelrippe herausschneiden. Auch in einem guten Mixer kann einmal etwas hängenbleiben und wer hat dann schon gerne Stacheln im Smoothie? Alle Zutaten unter Zugabe von Wasser im Mixer pürieren. Ich fülle gewöhnlich bis auf 500–600 ml Gesamtvolumen auf, das passt für meinen Geschmack.

- 1 Handvoll (ca. 40 g) getrocknete Sauerkirschen
- 3 EL Sonnenblumenkerne
- 2 EL Mohn
- 3 große Brombeerblätter (jedes Blatt mit 5 Fiederblättern)
- Wasser nach Bedarf

⤴ Auch lecker
- Wer es süßer mag, kann noch ein oder zwei Datteln dazugeben.
- Wenn es ganz kalt ist und Sie meinen, ein bisschen Wärme könnte nicht schaden, dann fügen Sie den Zutaten noch ein etwa 1 cm großes Stück Peperoni zu – die lässt niemanden kalt.

Supergesund
- Mohnsamen zählen zu den kalziumreichsten Lebensmitteln. Ihr Geschmack in Kombination mit der Sauerkirsche ist ein weiterer Grund, sie einzusetzen – Sie werden mir zustimmen, wenn Sie probiert haben.
- Die Brombeerblätter zeichnen sich durch viele Gerbstoffe aus, die für ihren adstringierenden Geschmack verantwortlich sind. Der kommt in dieser Mischung aber nicht zum Tragen, ihre Wirkung dagegen schon. Was zusammenziehend schmeckt, wirkt auch so. Das ist nicht nur, aber besonders im Winter ein Vorteil, wenn Haut und Schleimhäute dadurch stabilisiert werden.

Orange ··· Mandel ··· Brennnessel ··· Malve
wohlig wärmend

Ganz in der Tradition der weihnachtlichen Eierflips, Eggnogs und ähnlicher meist alkoholhaltiger Getränke, die gerne in der kalten Jahreszeit getrunken werden, kommt dieser Smoothie ganz geschmeidig und leicht angewärmt daher. Allerdings sind alle Zutaten supergesund, sodass es hier niemandem an Argumenten für ein zweites Glas fehlen dürfte.

- 2 Handvoll Mandeln
- 3 Orangen
- 8 getrocknete Aprikosen ohne Stein
- 2 Handvoll Brennnesselblätter (wenn es keine frischen mehr gibt, alternativ 2 EL getrocknete)
- 2 Handvoll Malvenblätter (alternativ 2 EL getrocknete)
- 1 TL Zimt
- 1–2 Zacken vom Sternanis
- 1–3 Kardamomkapseln
- warmes Wasser nach Bedarf

Mandeln für mindestens 12, besser 24 Stunden einweichen. Anschließend die Mandeln häuten und die Orangen schälen und in grobe Stücke teilen. Beides zusammen mit den Aprikosen und den restlichen Zutaten im Mixer fein pürieren, dabei mit so viel warmem Wasser verdünnen, bis eine dickflüssige, cremige Konsistenz erreicht ist. Verwenden Sie weniger von den geschmacklich sehr intensiven Gewürzen, Sternanis und Kardamom, wenn Sie diese nicht gewöhnt sind, und mehr, wenn Sie schon wissen, dass Sie sie gerne mögen.

 Auch lecker

- Mit einem Teelöffel Kakao wird aus dem Rezept eine leckere orangenwürzige Trinkschokolade.
- Wer es gerne noch feiner und milchähnlicher mag, der kann diesen Smoothie auch nach dem Pürieren durch ein feines Sieb oder einen Nussmilchbeutel passieren. Der übrig gebliebene Trester eignet sich zur Herstellung von Kuchenteigen, Plätzchen und Energiekugeln. Geben Sie nur ein paar klein gehackte Trockenfrüchte und etwas gekeimten Buchweizen dazu und ab ins Dörrgerät oder in den Backofen, wo Sie alles bei maximal 40 °C trocknen lassen können.

*Supergesund**

Ein Hauch Muskatnuss verleiht vielen klassischen Rezepten für Eggnog oder Eierflip den letzten Pfiff. Versuchen Sie es: Reiben Sie eine Prise Muskatnuss ins fertige Getränk. Die Muskatnuss wirkt anregend, wärmend und fördert die Verdauung. Aber Achtung: Eine Prise genügt.

69

Supergesund *

Den Waldmeister nur in kleinen Mengen zum Aromatisieren verwenden, maximal 3 g pro Liter werden empfohlen. Das enthaltene Kumarin regt den Lymphfluss an und wirkt ausschwemmend, so ist der Waldmeister in diesem Rezept die perfekte Ergänzung zur Kokosnuss.

Zum Weglöffeln und Schlecken ••• EIS, CREME, PUDDING, KOMPOTT UND MOUSSE

Mango ••• Kokos ••• Melisse ••• Malve ••• Waldmeister
puddingsahnig

Dass die Verbindung exotischer Früchte mit heimischen Wildpflanzen gut gelingen kann, können Sie auch an diesem Pudding mit Sahnehäubchen sehen. Während der Waldmeister hier nur Aromageber ist, sorgt die Malve für supersahnige Konsistenz und wird mit der Mango zusammen zum ganz besonderen Gaumenverführer.

Die Waldmeistertriebe mindestens 4 Stunden welken lassen, nur so entfaltet sich das Aroma. Von den angetrockneten Trieben nur die Blätter abzupfen, diese klein hacken, mit dem Kokoswasser für die Sahne in ein Glas geben und wiederum für mindestens 4 Stunden stehen lassen – so lange, bis das Kokoswasser das Waldmeisteraroma angenommen hat.

Während der Waldmeister noch im Kokoswasser zieht, kann der Mangopudding hergestellt werden: dafür die Flohsamenschalen im Mixer trocken fein vermahlen. Die Mango schälen und den Kern entfernen. Das Fruchtfleisch mit dem Kokoswasser pürieren und dann die Flohsamenschalen untermixen. Den so entstandenen Pudding in Gläser füllen und kühl stellen.

Den Waldmeister nach der Standzeit absieben. Das aromatisierte Kokoswasser mit den anderen Zutaten für die Sahne mixen. Geben Sie dabei so viel Kokosnussfruchtfleisch dazu, dass eine geschmeidige halbflüssige Sahnekonsistenz entsteht. Wenn Sie die Sahne sehr süß mögen, könnten Sie auch noch 1–2 entsteinte Datteln dazugeben. Die Sahne, wenn sie fertig ist, etwa 1 cm hoch in die Gläser auf den Mangopudding gießen.

Für die Waldmeister-Sahne:
- 3 kleine Triebe vom Waldmeister (Foto S. 32)
- ca. 150 ml Kokoswasser (siehe Seite 24)
- ca. 4 EL Fruchtfleisch von 1 jungen Kokosnuss (je nach Konsistenz des Fruchtfleischs auch etwas mehr oder weniger)
- 5 Blätter Zitronenmelisse
- 1 Handvoll Malvenblätter

Für den Mangopudding:
- 1 TL Flohsamenschalen
- 1 große Mango einer leicht säuerlichen Sorte, zum Beispiel 'Amelie'
- ca. 100 ml Kokoswasser oder Wasser

➜ Auch lecker
- Wer keinen Waldmeister verwenden oder sich die Zeit zum Aromatisieren sparen mag, der kann ihn durch einen nahen Verwandten, das Wiesen-Labkraut, ersetzen und dieses einfach mitpürieren.
- Wenn Sie von der Sahne noch Reste haben, können Sie sie mit Kokoswasser oder Wasser, oder auch mit dem restlichen Fruchtfleisch der Kokosnuss, aufmixen, sodass daraus eine cremige Waldmeister-Kokosmilch wird. Gekühlt genießen.

Limette ··· Weiße Maulbeere ··· Linde
erfrischend wackelig

Oft habe ich mir überlegt, wie es wäre, einen Wackelpudding rohköstlich, vegan und richtig gesund herzustellen. Mit diesem hier habe ich mir meine Wünsche alle erfüllt. Dank jeder Menge Vitamin C und der fiebersenkenden Wirkung von Lindenblüten und Maulbeeren ist er auch mein Geheimtipp gegen Erkältungen.

- 20 g Irish Moss (*Eucheuma cottonii*)
- Saft von 3 Limetten
- 1 Stück Zitronenschale, dünn abgeschält, in der Größe eines Daumennagels
- 1 Prise abgeriebene Limettenschale
- 5 EL getrocknete weiße Maulbeeren (oder mehr für Süßschnäbel)
- 1 Handvoll Lindenblätter
- 3 Handvoll Lindenblüten, gerade aufgeblüht, ohne Blütenstiele
- ca. 100 ml Wasser

Irish Moss 1 Tag lang in Wasser einweichen, dann gut auswaschen. Das Irish Moss mit allen anderen Zutaten im Mixer so lange pürieren, bis die Masse ganz fein ist. Dann in eine Schüssel oder in Tassen oder Dessertringe füllen und zum Festwerden in den Kühlschrank stellen. Den Pudding kurz vor dem Verzehr auf einen Teller stürzen und mit Blüten dekorieren. Dazu passt gut eine Nusssahne (siehe Seite 75) oder/und süßes Obst, wie beispielsweise Honigmelone.

 Auch lecker

- Pürieren Sie 100 g eingeweichte Cashewkerne mit und Sie haben die leckerste Tortencreme für einen klassischen Lime-Pie – im doppelten Wortsinne, denn das englische „Lime" kann im Deutschen sowohl „Limette" als auch „Linde" heißen.
- Verdünnen Sie einfach mit Wasser für ein leckeres sommerliches Erfrischungsgetränk – kurz aufmixen – dafür lassen Sie jeden Lindenblütentee gerne stehen.

Supergesund ✱

*Irish Moss ist ein natürliches Geliermittel. Unter dieser Bezeichnung werden verschiedene Rotalgenarten angeboten, etwa der Knorpeltang (*Chondrus crispus*) und Eucheuma cottonii, aus beiden wird das Verdickungsmittel Carrageen hergestellt. In seiner rohen naturbelassenen Form macht Irish Moss manches Rohkostgericht noch besser, weil es – vor allem wegen der enthaltenen Polysaccharide – verdickend und gesundheitsfördernd wirkt. Traditionell wird es als schleimlösend bei Atemwegserkrankungen empfohlen.*

Supergesund*

Auch wenn es ungewöhnlich klingen mag: Essen Sie die Erdbeerblätter von der Deko ruhig mit. Wenn sie jung sind, sind sie noch sehr zart. Wildes Grün ist der beste Abschluss einer Mahlzeit, weil es beim Kauen den Zucker aus den Früchten neutralisiert und so hilft, Karies zu verhindern. Dank der enthaltenen Gerbstoffe sind die Erdbeerblätter auch geeignet, Parodontose vorzubeugen oder zu lindern.

Zum Weglöffeln und Schlecken ••• EIS, CREME, PUDDING, KOMPOTT UND MOUSSE

Felsenbirne ••• Vogel-Kirsche ••• Wald-Beeren ••• Rose
rosig rotegrützestylish

Rosenblütenblätter sind eine meiner liebsten Zutaten. Sie wirken nicht nur mild zusammenziehend, sie sorgen auch für harmonische Ausgeglichenheit. Und sie blühen dann, wenn auch zahlreiche andere wilde Rosengewächse ihre Früchte tragen und daher hier auf der Zutatenliste stehen. Alle zusammen ergeben einen sommerlichen Hochgenuss.

Die Felsenbirnen mit den Wald-Erdbeeren und den Himbeeren durch ein Sieb passieren. Das geht gut, wenn man sie mit dem Löffel quetscht und durch die Siebmaschen streicht. Die Kerne sollen zurückbleiben. Die Kerne der Felsenbirnen enthalten Blausäureverbindungen, daher sollten Sie die Mischung lieber nicht im Mixer pürieren. Nicht nur, weil der Smoothie sonst nicht schmeckt, sondern auch, weil durch das starke Zerkleinern zu viel der in hoher Dosierung giftigen Bestandteile freigesetzt werden könnten. Letzteres gilt jedoch nur fürs Pürieren; werden die Früchte im Ganzen gegessen, sind die Kerne so unschädlich wie Apfelkerne. Das in den Felsenbirnen enthaltene Pektin verdickt die Mischung, wenn nicht zu viele saure Früchte dazukommen.

Drei Handvoll der Kirschen entsteinen und mit den Rosenblütenblättern gemeinsam mit dem Pürierstab oder im Mixer pürieren. Die restlichen Kirschen entsteinen und halbieren oder vierteln und mit den Pürees zusammenrühren.

Dessertellerchen mit den Walderdbeerblättern am Rand auslegen und in die Mitte die Kirsch-Beeren-Rosen-Grütze geben. Mit einer Rosenblüte oder Früchten dekorieren.

- 3 Handvoll Felsenbirnen
- 1 Handvoll Wald-Erdbeeren
- ½ Handvoll wilde Himbeeren
- 4 Handvoll Vogel-Kirschen
- 2 lockere Handvoll zarte duftende Rosenblütenblätter
- 2 Handvoll junge Wald-Erdbeerblätter

⮕ Auch lecker
Dazu passt eine flüssige Sahne, die Sie ganz einfach aus eingeweichten Cashewkernen, Wasser und etwas Vanilleschote mixen können.

Heidelbeere ··· Cashew ··· Mädesüßblüten
cremig gestrudelt

Sommerzeit ist Blütenzeit. Wenn dann die Mädesüßblüten als cremefarbene fluffige Wölkchen an den Bach- und Wiesenrändern erscheinen und ihren betörenden honigartigen, aber ganz eigenen Duft verströmen, dann fragen Sie sich vielleicht, wie ich lange Zeit auch, was Sie daraus Leckeres zaubern könnten. Irgendetwas Süßes sollte es sein – natürlich.

- 2 Handvoll Cashewkerne
- 2 Blütenstände vom Mädesüß (für 2 EL Blüten)
- Saft von ½ Zitrone
- Wasser nach Bedarf
- 6 Handvoll Heidelbeeren
- 3 kleine Datteln
- 2 Handvoll junge Blätter vom Wiesen-Pippau

Die Cashewkerne mindestens 4 Stunden einweichen, das Einweichwasser danach abgießen. Die Mädesüßblüten von den Stielen zupfen. Zwei Esslöffel davon mit den eingeweichten Cashewkernen und dem Zitronensaft fein pürieren. Dabei langsam so viel Wasser zugeben, dass eine feine Creme entsteht (ungefähr 75 ml), je nach Beschaffenheit der Nüsse kann die benötigte Menge variieren.

Die Heidelbeeren mit den entsteinten Datteln und den Blättern vom Wiesen-Pippau pürieren. Schichtweise die Nusscreme und das Heidelbeer-Püree in Schüsseln füllen und nur wenig verrühren, sodass die Nusscreme schlierenartig durchzogen wird. Mithilfe eines Holzstäbchens können Sie die Schlieren auch zu hübschen Ornamenten verziehen (siehe Umschlagklappe).

Supergesund *

- Mädesüßblüten wirken fiebersenkend und gegen manch andere Erkältungssymptome. Sie sind ideale Ersthelfer bei Sommergrippe.
- Zusätzlich können Sie zur Nusscreme süßsaures Baobab-Pulver, hergestellt aus den Früchten des Affenbrotbaumes, geben, das mit seinem hohen Vitamin-C-Gehalt abwehrstärkend wirkt. Lassen Sie dann die Zitrone weg, damit die Creme nicht zu sauer wird.
- Der Wiesen-Pippau ist „der Löwenzahn für Anfänger", weil er weniger bitter ist als das Original. Verwenden Sie junge Blätter oder saftig-grüne Stängelblätter von noch nicht blühenden Pflanzen. Blüht der Wiesen-Pippau, steckt in den Blättern nur noch wenig Kraft und sie schmecken fade.

> **Auch lecker**
> Wenn Sie die beiden Pürees zusammen mit Wasser verdünnen, erhalten Sie einen zartcremigen Heidelbeer-„Milchshake".

Avocado ••• Schoko-Minze ••• Lindenblätter
minzig schokoladenmoussig

Wer will denn schon auf Schokomousse verzichten? Ich nicht und Sie bestimmt auch nicht. Und deshalb darf hier auch das einfachste Rezept für eine wilde Schokomousse für alle Fans des Nachtischklassikers nicht fehlen. Die Avocado enthält wertvolle ungesättigte Fettsäuren und jede Menge Vitamine und Mineralstoffe. Wer Avocados isst, wird merken: Sie machen glücklich und lange satt.

Das Fruchtfleisch aus den Avocados lösen und die Datteln entsteinen. Beides zusammen mit allen anderen Zutaten im Mixer fein pürieren. Dabei das Wasser nach und nach zugeben, bis die gewünschte Konsistenz erreicht ist, ca. 100 ml könnten passen. Die Creme sollte locker leicht sein, aber trotzdem Standfestigkeit haben. Sollten Sie aus Versehen zu viel Wasser verwendet haben, können Sie das mit etwas zusätzlicher Avocado wieder wettmachen. Alternativ könnten Sie auch etwas Fruchtpulver (siehe *Supergesund*) dazugeben. Versuchen Sie es aber lieber nicht mit mehr Kakaopulver, Kakao bindet vergleichsweise kaum und der Kakaogeschmack wird dann zu stark.

- 2 Avocados 'Hass'
- 5 Datteln 'Shahani' oder 'Deglet Nour' oder eine vergleichbare Sorte
- 4 TL Kakaopulver
- 1 Triebspitze oder 5 große Blätter von der Schoko-Minze oder von einer anderen wohlschmeckenden Minzsorte
- 2 Handvoll Lindenblätter
- Wasser nach Bedarf

 Auch lecker
Wenn es etwas gehaltvoller sein darf, dann können Sie auch noch einen Löffel Kokosöl (s. Seite 102) dazugeben. Damit wird die Mousse beim Kühlstellen noch fester und eignet sich auch als Tortencreme.

Supergesund *

Die Schokoladencreme ist geradezu prädestiniert, um darin auch das ein oder andere Superfood zu verstecken, beispielsweise Mesquite-, Lucuma- oder Carobpulver. Diese Fruchtpulver in Rohkostqualität eignen sich dafür besonders gut, weil sie neben vielen gesunden Inhaltsstoffen auch natürliche Süße mitbringen. Lucuma ist eine Baumfrucht aus Südamerika, die Carobschoten stammen vom Johannisbrotbaum, der im ganzen Mittelmeerraum verbreitet ist, mehr zu Mesquite lesen Sie auf Seite 56. Probieren Sie aus, welches der Pulver Ihnen am besten schmeckt.

Schwarze Johannisbeere ••• Kokos ••• Malvenblüten
beerenmoussig

Hier wird schon das Ausschlecken des Mixbehälters zur Verführung – Wildpflanzen und Früchte können kaum cremiger verarbeitet werden als auf diese Weise. Wenn Ihnen die Mousse in zwei Farben gut gefällt, dann können Sie sie so zubereiten wie im Rezept beschrieben. Wenn Sie es sich lieber einfacher machen wollen, dann mixen Sie alle Zutaten auf einmal zusammen, der Geschmack ist ebenso lecker.

- 250 g Schwarze Johannisbeeren mit Stielen
- 8 Datteln
- 5 EL Kokosmus
- 1 Handvoll junge Johannisbeerblätter
- ca. 150 ml warmes Wasser (unter 40 °C)
- Saft von ½ Zitrone
- 2 Handvoll Malvenblüten
- einige Beeren und Blüten zur Deko

Die Johannisbeeren von den Stielen zupfen, die Datteln entsteinen. Kokosmus wird aus dem Fruchtfleisch von Kokosnüssen hergestellt und ist im Handel in Bio- und Rohkostqualität erhältlich – achten Sie darauf, dass es frei von Zusatzstoffen ist. Die Stiele zusammen mit vier Datteln, zwei Esslöffeln vom Kokosmus, den Johannisbeerblättern, ca. 75 ml Wasser und Zitronensaft fein pürieren. Die so entstandene grüne Creme in eine Schüssel füllen und kalt stellen, bis die Oberfläche leicht fest ist.

Nun erst die abgezupften Johannisbeeren mit den restlichen drei Esslöffeln Kokosmus, vier Datteln, zwei Handvoll Malvenblüten und ca. 75 ml Wasser fein pürieren und diese purpurfarbene Creme auf die andere füllen. Alles nochmals für etwa eine Stunde kalt stellen, bis die Cremes so fest sind, dass sich Nocken abstechen lassen. Die Nocken auf Tellern anrichten und mit Beeren und Blüten dekorieren.

 Auch lecker
Nehmen Sie nur etwa die Hälfte des Wassers und füllen Sie die Mousse in zwei Dessertringe. Stellen Sie sie so lange in den Kühlschrank, bis sie ganz fest geworden ist. Dann lösen Sie die feste Mousse aus dem Ring jeweils direkt auf einen Teller und haben zwei wunderschöne Törtchen (Foto siehe Seite 9). Wenn Sie einen rohköstlichen Teig beispielsweise aus Mandeln und Datteln als Basis für eine Torte anfertigen, dann können Sie die Mousse auch als Füllung dafür nutzen.

Supergesund *

Wenn die Fruchtstiele der Johannisbeeren nicht vertrocknet, sondern noch frisch grün sind, dann werfen Sie sie nicht weg, sondern verwenden Sie diese wie oben beschrieben. Sie enthalten wertvolle Inhaltsstoffe und machen sich mit ihrem intensiven Johannisbeeraroma gut im grünen Teil der Mousse.

Zum Weglöffeln und Schlecken ••• EIS, CREME, PUDDING, KOMPOTT UND MOUSSE

Himbeere ••• Banane ••• Brennnesselblüte
eisgekühlt fruchtbombig

Wenn im Sommer die Brennnesseln hochgewachsen sind, dann hängen vor allem an den Spitzen die langen Blütenstände. Gleichzeitig sind die Himbeeren reif und beides zusammen ergibt ein schnell gemachtes sommerfrisches Dessert zum Schlecken. Auch Kinder lieben dieses Eis und weil es ja supergesund ist, spricht gar nichts gegen Himbeereis zum Frühstück.

Die Bananen schälen, Blätter und Blüten von den Brennnesseltrieben abzupfen und alles zusammen mit den Himbeeren im Mixer ganz fein pürieren. Das Püree in Eisförmchen oder in Eiswürfelbehälter füllen und einfrieren. Weil das Eis so portionsweise entnommen werden kann, können Sie ruhig eine größere Menge von diesem Rezept machen. So kann es jederzeit einen eiskalten Snack für Zwischendurch geben.

Für fünf kleine Eis-am-Stiel-Förmchen:
- 250 g Himbeeren
- 2 Bananen
- 10 Triebe von Brennnesseln mit Blütenständen (die oberen 20 cm)

 Auch lecker
Dieses Eis lässt sich natürlich auch mit anderen Beerensorten herstellen: Probieren Sie einmal Schwarze Johannisbeeren.

Supergesund *

- Brennnesseln und Himbeeren, dieses Duo wirkt unter anderem entwässernd auf das Gewebe und verleiht so an heißen Tagen Leichtigkeit.
- Wenn Sie mögen, können Sie außerdem noch 50 einzelne Schafgarbenblütchen (Achtung: nicht die ganzen Blütenstände) dazugeben. Keine Sorge, in der geringen Dosierung fallen diese geschmacklich gar nicht auf. Ihre Inhaltsstoffe, unter anderem ätherische Öle, wirken entzündungshemmend bei Magen- und Darmproblemen und können dadurch den im Sommer gerne auftretenden Bauch-Wehwehchen entgegenwirken.

Aprikose ··· Pfirsich ··· wilde Pastinake
kompottig süßwürzig

Ich mag Kompott. Und was ergibt geschmeidigeres Kompott als Aprikosen und Pfirsiche? Die beiden süßen Sommerfrüchtchen harmonieren wunderbar mit Gewürzen, zum Beispiel mit der wild wachsenden Pastinake, die mit ihren leuchtend grüngelben Blütenständen von Juli bis September überall an Waldrändern und gerne auch auf städtischen Brachflächen zu finden ist. Verpassen Sie sie nicht!

- 6 Aprikosen
- 2 große gelbfleischige reife Pfirsiche
- 1 Handvoll junge weiche Blütentriebe von wilder Pastinake
- 1–2 TL frische, noch weiche Samen von wilder Pastinake
- 1 EL Zitronensaft
- nach Geschmack: 1–2 entsteinte Datteln zum Süßen

Die Aprikosen und Pfirsiche halbieren und die Kerne entfernen. 8 Aprikosenhälften und 3 Pfirsichhälften zusammen mit den Pastinakentrieben und -samen im Mixer pürieren. Dosieren Sie die Samen nach Wunsch – probieren Sie zwischendurch. Zusätzlich können Sie so viele Datteln zugeben, bis das Püree die für den individuellen Geschmack richtige Süße hat. Die restlichen Früchte in kleine Würfelchen schneiden, mit Zitronensaft beträufeln und unter das Püree heben.

➡ Auch lecker
Das Kompott schmeckt auch als leckerer Fruchtaufstrich auf Rohkostbrot (siehe Seite 106) oder zu einem feinen Nussjoghurt (siehe Seite 60).

Supergesund

- *Die Blätter der Pastinake schmecken nur bis sich Blütentriebe bilden, später ist ihr Geschmack stumpf. Deshalb verwenden wir für dieses Rezept nur die Blütentriebe und die sich daran befindenden noch jungen kleinen Blätter und die Blüten. Die Triebe sind zart aromatisch und auch noch zu finden, wenn die ersten Samen reifen. Die wilde Pastinake soll harntreibend und verdauungsfördernd, schmerzlindernd und hilfreich beim Einschlafen wirken.*
- *Probieren Sie dieses Kompott auch einmal mit Lavendelblüten oder Rosmarinspitzen. Sie besitzen wie die Pastinakensamen viele ätherische Öle, die für ein besonderes Aromaerlebnis sorgen und auch gegen Pilze, Bakterien und manche Viren wirken können.*

Supergesund *

- Alte Apfelsorten enthalten noch mehr Inhaltsstoffe als die modernen Züchtungen. Sie schmecken auch nicht nur plump süß, sondern haben gerne noch zusammenziehende Gerbstoffnoten, und das ist es, was sie besonders gesund macht. Ich greife für dieses Apfelmus gerne zu Äpfeln der Sorte 'Brettacher'.
- Kornelkirschen und Hagebutten sind unsere wichtigsten heimischen Wildfrüchte. Mit ihnen können Sie Ihr Immunsystem ganz gemächlich, aber gezielt auf die Winterzeit vorbereiten. Der Gehalt der Kornelkirschen an Gerbstoffen und zellschützenden Anthocyanen macht sie zu einer die Gesundheit rundum schützenden Frucht.

Zum Weglöffeln und Schlecken ••• EIS, CREME, PUDDING, KOMPOTT UND MOUSSE

Apfel ••• Clementine ••• Kornelkirsche
schnabuliermusig

Hmm ... Apfelmus, das weckt Erinnerungen an Kindertage im Herbst. Der Duft der Äpfel ist ein ganz besonderer und weckt die Lust auf diesen Klassiker. Auch hier ist die rohköstliche Variante doppelt gesund, denn dieses Mus wird mit Wildfrüchten ergänzt, die mit ihrem hohen Vitamin-C-Gehalt dafür sorgen, dass Sie gesund und mit einer guten Immunabwehr in die kalte Jahreszeit gehen.

Die Äpfel vom Kernhaus befreien, aber nicht schälen. Die Clementinen mit einer Zitruspresse auspressen, oder, wenn sie gut reif sind, nur schälen, einmal quer durchschneiden, um die möglicherweise vorhandenen Kerne zu entfernen, und dann so in den Mixer geben. Das Fruchtfleisch der Kornelkirschen von den Kernen schneiden und zusammen mit der geschälten Banane, den Äpfeln und Clementinen oder dem Saft daraus pürieren.

- 2 Äpfel
- 3 Clementinen
- 2 Handvoll Kornelkirschen
- ½ Banane

Auch lecker
Richtig reif sind nur diejenigen Kornelkirschen mit tiefroter bis fast schwarzer Färbung, die sich leicht ablösen oder vom Strauch oder Kleinbaum herunterschütteln lassen. Ab August reifen sie nach und nach, manche hängen bis in den November an den Zweigen. Der Zeitraum, in dem sie reif werden, kann aber witterungsabhängig kürzer oder länger sein und so kann es auch mal Jahre geben, in denen die Kornelkirschenzeit schon dem Ende entgegen geht, die Clementinen aber noch nicht auf dem Markt sind. Dann können Sie statt Clementinensaft frisch gepressten Traubensaft nehmen. Das ist auch eine Variante für diejenigen, die das Apfelmus lieber süßer mögen.

Kaki ••• Erdmandel ••• Ringelblume ••• Hagebutte
goldgelbschmelzend

Hagebutten sind Vitamin-C-Lieferanten erster Güte. Ihre ganze Fruchtigkeit entfalten sie hier zusammen mit milden Kakis und Erdmandelmilch. Die Konsistenz des Puddings ist der Gelierfähigkeit der Kakis zu verdanken, aber nicht nur das können die orangenen Früchte, sie strotzen auch vor Inhaltsstoffen und gleichen die Säure der Hagebutten wunderbar aus.

- 75 g getrocknete Erdmandeln, unbehandelt
- ca. 200 ml Wasser
- 3 Handvoll reife Hagebuttenfrüchte (ca. 70 Stück bei mittelgroßen Früchten)
- 2 Kakifrüchte
- 10 Blütenköpfchen von der Ringelblume

Die Erdmandeln mindestens zwei Tage lang in Wasser einweichen. Sie sollten dann nicht mehr stark schrumpelig und hart, sondern knackig und gut zu beißen sein. Die Erdmandeln dann im Mixer mit dem Wasser fein pürieren und das Püree anschließend durch eine feine Gaze oder einen Nussmilchbeutel filtern. Die aufgefangene Erdmandelmilch wird für den Smoothie weiterverwendet. Der Trester kann zur Herstellung rohköstlicher Kuchenteige oder Kekse weiter genutzt werden.

Die Hagebutten entkernen, indem Sie sie einmal durchschneiden und die Kerne herauskratzen, dabei auch Stiel- und Blütenansatz entfernen. So können Sie die wertvolle Schale mitnutzen. Verwenden Sie am besten vollreife Hagebutten, bei denen das Fruchtmark schon so weich ist, dass Sie es leicht herausdrücken können.

Die Kakis von Kelch und Stielansatz befreien und in grobe Stücke schneiden. Dann alle Zutaten miteinander pürieren, dabei die Ringelblumenblütenköpfchen im Ganzen dazugeben.

Supergesund *

Erdmandeln sind Wurzelknollen einer im Mittelmeerraum heimischen Sauergrasart. Das Gras ist bei uns ein Neophyt, aber nur auf manchen Äckern als Unkraut zu finden. Im Handel sind die Erdmandeln jedoch leicht zu bekommen, wer mag, kann sie auch selber anbauen. Sie haben gegenüber Nüssen den Vorteil, dass sie viel weniger Fett, aber viele Ballaststoffe enthalten.

Supergesund*

Wilde Acker-Ringelblumen sind bei uns nur noch selten zu finden, daher empfehle ich, sie im Garten anzusiedeln. Ihre Wirkung wird unter anderem als adstringierend, entzündungshemmend und immunstärkend beschrieben. Die Ringelblume schützt und stärkt unsere Schleimhäute und ist mit den Hagebutten zusammen nicht nur im Herbst eine gute Kombination zur Vorbeugung gegen die üblichen Erkältungskrankheiten.

Zum Weglöffeln und Schlecken ••• EIS, CREME, PUDDING, KOMPOTT UND MOUSSE

Granatapfel ••• Ananas ••• Wilde Möhrenwurzel
granitaeisig

Lange habe ich mich nicht herangewagt an die Wurzeln der Wilden Möhre. Aber als sich so viele davon zwischen meinen anderen Wildpflanzen ausgesät hatten, dass ich sie ohnehin hätte entfernen müssen, war das die Gelegenheit. Wenn die Wurzeln der Wilden Möhren nutzbar sind, vom Herbst bis ins Frühjahr des ersten Wuchsjahres, dann sind auch Ananas und Granatapfel verfügbar – und eine Granita wollte ich immer schon mal machen.

Die Granatäpfel halbieren und die Kerne ausklopfen. Das geht am besten, wenn Sie die Granatapfelhälften seitlich viermal einschneiden, etwas auseinanderdrücken und dann über eine Schüssel halten und mit einem Löffel auf die Schalenseite klopfen. Sollten auch einige von den weißlichen Wänden zwischen den Samen mit in die Schüssel fallen, sortieren Sie diese im Anschluss aus. Dann die Granatapfelkerne in den Mixer geben und so lang pürieren, dass die harten Samen noch relativ grob sind, die fruchtige rote Samenschale aber fein püriert ist. Nun alles durch eine feine Gaze oder einen Nussmilchbeutel passieren und den Saft auffangen.

Von der Ananas die Schale abschneiden und das Fruchtfleisch in grobe Stücke schneiden. Das Ananasfruchtfleisch mit dem Granatapfelsaft im Verhältnis 1:1 (bei mir sind das meist etwa 250 g Fruchtfleisch und ungefähr 250 ml Saft) in den Mixer geben. Die Möhrenwurzeln nur sauber waschen, nicht schälen, dazugeben und alles fein pürieren.

Das Fruchtpüree dann in die Eismaschine geben und warten, bis die Granita fertig ist. Haben Sie keine Eismaschine zur Verfügung, dann können Sie das Püree in einen Gefrierbeutel füllen, und diesen in das Gefrierfach oder die Kühltruhe legen. Alle halbe Stunde sollten Sie den Plastikbeutel mit dem gefrierenden Püree durchkneten. Sobald es sorbetähnliche Konsistenz angenommen hat, können Sie das Eis genießen.

- 2 kleine Granatäpfel oder 1 großer
- 1 kleine sehr süße Ananas
- 5 größere oder 10 kleinere Wurzeln von der Wilden Möhre

Clementine ··· Kakaobutter ··· Süßdolde
bittersüßpuddingfest

Ein Pudding, dazu sagt niemand Nein. Dieser hier ist gehaltvoll und cremig. Die Kakaobutter sorgt für Festigkeit und zartschmelzende Konsistenz und die Süßdolde verleiht ihm ein leichtes Lakritzaroma und eine deutliche Anisnote. Dieser Geschmack kommt bei Kindern oft besonders gut an, viele essen die Süßdolde gerne auch pur; sparen Sie daher hier nicht an der Deko.

- 3 EL Kakaobutter
- 4 kleine Clementinen
- 3 EL getrocknete weiße Maulbeeren
- 2 Handvoll junge Blätter von der Süßdolde

Die Kakaobutter im warmen Wasserbad bei maximal 40 °C langsam schmelzen. Die Clementinen schälen und eventuell vorhandene Kerne entfernen. Nun können Sie die Clementinen mit den Maulbeeren und den Süßdoldenblättern im Mixer fein pürieren. Zum Schluss die geschmolzene Kakaobutter untermixen. Den Pudding in Schälchen füllen und im Kühlschrank fest werden lassen. Sie können den Pudding, wenn er fest geworden ist, stürzen oder direkt aus dem Schälchen löffeln.

 Auch lecker
Eine Prise frisch geriebene Tonkabohne verleiht dem Pudding eine zarte Note von Waldmeister und Vanille.

Supergesund

- Die manchmal, aber nicht immer auftretende Bitternote ist meist den Kernen der Clementinenfrüchte zu verdanken und nur selten der weißen inneren Fruchtschale (Albedo). Beide enthalten aber bittere Flavonoide, die unsere Zellen vor frühzeitiger Alterung schützen. Mögen Sie lieber Pudding ohne Bitternote, dann können Sie sicherheitshalber nur den ausgepressten Saft der Clementinen verwenden.
- Die Süßdolde enthält eine ordentliche Portion Anisöl, welches ihr das typische Aroma verleiht. Sie wirkt nicht nur positiv auf Appetit und Verdauung, sondern auch antibakteriell und schleimlösend.

Zum Dippen und Draufstreichen ••• CREMIG, SÜSS, WÜRZIG, SCHARF

Zucchini ••• Sesam ••• Bärlauch
klassisch dipfein

Der Bärlauch ist der Klassiker unter den Frühjahrswildpflanzen und verleiht diesem Dip eine pikante, leicht scharfe Note. Geben Sie acht beim Sammeln, damit Sie ihn nicht verwechseln: Giftpflanzen wie Aronstab oder Herbstzeitlosenblätter stehen oft mitten im Bestand beziehungsweise ganz in der Nähe und können – wenn sie anstelle des Bärlauchs gepflückt und verzehrt werden – schlimme Schäden anrichten.

Die Zucchini putzen und in grobe Stücke schneiden. Diese dann mit den anderen Zutaten, bis auf Schwarzkümmel und Peperoni, zusammen im Mixer, im Zerkleinerer oder in der Küchenmaschine zu einem feinen Dip verarbeiten. Den Schwarzkümmel und die klein gehackte Peperoni streuen Sie erst am Schluss darüber und reichen den Dip zu Karotten- oder anderen Gemüsesticks.

- 1 mittelgroße Zucchini
- 1 Handstrauß Bärlauch
- 2 EL Zitronensaft
- 3 EL rohe Tahini (Sesammus)
- ½ TL Kreuzkümmel
- Pfeffer, am besten den leckeren Tellicherry-Pfeffer
- ½ TL Schwarzkümmel
- 1 Stück Peperoni, ca. 2 cm lang
- nach Geschmack: Meersalz

  Auch lecker
- Anstelle von Zucchini könnten für dieses Gericht auch frisch gekeimte Kichererbsen verwendet werden, dann haben Sie von den Zutaten her ein Gericht, das dem arabischen Hummus sehr nahe kommt. Einige mögen aber die rohen Kichererbsen nicht und manchmal liest man auch, sie seien nicht gesund. Mir schmecken sie allerdings ab und zu und mir bekommen sie auch. Deshalb variiere ich das Rezept von Zeit zu Zeit und nehme jeweils zur Hälfte Kichererbsen und Zucchini. Aber achten Sie beim Keimen der Kichererbsen darauf, dass der Spross nur maximal 1–1,5 cm lang wird, sonst wird ihr Geschmack unangenehm.
- Wenn die eigentliche Hauptsaison vorüber ist und die Blätter des Bärlauchs schon welken, können Sie immer noch die Blüten und Blütenstängel nutzen. Die Samen können Sie auch für den Winter sammeln, sie dann keimen lassen und die frischen Keimlinge beispielsweise als würzige Deko für Suppen und Salate verwenden.

Tomate ••• Mandel ••• Dost ••• Kleiner Wiesenknopf
dreiteilig picknickschick

....

Diese Verrine liebe ich, weil sie eine ganze Mahlzeit ersetzen kann: Sie ist reichhaltig, bietet gleichzeitig viele Geschmacksnuancen aus verschiedenen Zutaten und steckt voll wertvoller Inhaltsstoffe. Nur ein paar Gemüsesticks oder leckere Rohkostcracker dazu und fertig ist die „Rohkost to go". Deshalb nehme ich sie auch gerne mit, wenn ich nicht weiß, ob es auf dem Sommerfest oder der Gartenparty auch für mich etwas zu essen gibt.

....

Für die weiße Schicht:
- 60 g Mandeln
- 100 g Knollensellerie, in groben Würfeln
- 2 EL Pinienkerne
- ca. 100 ml Wasser

Für die rote Schicht:
- 2 getrocknete Tomatenhälften
- 10 schwarze Oliven ohne Salz, in Rohkostqualität
- 1 Ochsenherztomate, mittelgroß
- ¼ rote Paprikaschote
- 2 TL Flohsamenschalen

Für die grüne Schicht:
- 1 Handvoll Blätter vom Kleinen Wiesenknopf
- 1 Handvoll junger Dosttriebe oder -blätter
- 1 Handvoll Basilikumblätter
- ¼ Bund Schnittlauch
- 1 TL Flohsamenschalen
- ca. 100 ml Wasser

- zur Deko: Wildpflanzenblüten und -blätter

Die Schichten werden getrennt zubereitet und lassen sich beliebig kombinieren.

Für die weiße Schicht die Mandeln 12–24 Stunden einweichen und häuten, das geht auch ohne Blanchieren. Mandeln, Selleriewürfel, Pinienkerne und Wasser nach Bedarf zu einer feinen, aber festen Creme mixen.

Für die rote Schicht die getrockneten Tomaten für eine halbe Stunde in etwas Wasser einweichen. Wer es gerne salzig mag, der kann gesalzene getrocknete Tomaten verwenden. Das darin auch nach dem Wässern noch enthaltene Salz reicht für das ganze Gericht; es gibt aber auch welche ohne Salz zu kaufen. Die Oliven entsteinen und zusammen mit den beiden Tomatenhälften und den anderen Zutaten zu einem Püree mixen, das dank der Flohsamenschalen leicht geliert. Wenn Sie es etwas stehen lassen, wird dieser Effekt noch stärker.

Für die grüne Schicht alle Zutaten gemeinsam nicht zu fein pürieren und das Püree zum Nachdicken ebenfalls etwas stehen lassen.

Dann die Pürees und die Creme abwechselnd in Gläser schichten und mit Wildpflanzenblüten und -blättern dekorieren. Die angegebene Menge an Zutaten ergibt 2–3 große Portionen als Hauptspeise oder ca. 6 kleine Gläser als Vorspeise.

Supergesund*

Die Flohsamenschalen stammen vom Indischen Wegerich und bewirken das Gelieren von Flüssigkeiten und Pürees. Flohsamenschalen sind besonders für diejenigen hilfreich, die mit Darmirritationen zu kämpfen haben. Sie helfen bei Verstopfung ebenso gut wie bei Durchfall und werden auch für Reizdarmpatienten empfohlen.

Zum Dippen und Draufstreichen ••• CREMIG, SÜSS, WÜRZIG, SCHARF

Paprika ••• Koriander ••• Giersch
mojoverdelecker

Diese Würzsoße wird traditionell in ähnlicher Weise auf den Kanaren zubereitet und dort zu „papas arrugadas" gereicht, das sind mit viel Meersalz gekochte Pellkartoffeln. Gekochtes gibt es in diesem Buch natürlich nicht, aber da Rohköstler auch manchmal Appetit auf „Kartoffeln mit Dip" haben, empfehle ich Würfel von der Süßkartoffel dazu.

Die Paprika von Kelch- und Stielansatz befreien und in grobe Stücke schneiden, die Knoblauchzehen schälen. Zusammen mit all den anderen Zutaten so lange pürieren, bis eine pestoähnliche Konsistenz entstanden ist. In Schälchen anrichten und dazu beispielsweise frisch geschälte und gewürfelte, mit etwas Zitronensaft beträufelte rohe Süßkartoffeln reichen.

- 1 grüne Paprika
- 3 kleine Knoblauchzehen von frischem Knoblauch
- ½ Bund Koriandergrün
- 4 Handvoll Giersch
- ½ TL Kreuzkümmel
- 100 ml Olivenöl
- nach Geschmack: Meersalz

 Auch lecker
Den Dip können Sie auch als Basis für eine Suppe nutzen. Dazu geben Sie zwei mittelgroße Zucchini, alternativ oder auch ergänzend grüne Erbsen oder Sellerie mit in den Mixer und so viel Wasser, dass eine flüssige Konsistenz entsteht. Und schon ist eine herrliche Suppe fertig. Wetten, Sie machen beim nächsten Mal die doppelte Portion, damit Sie dippen und löffeln können?

Supergesund *

- Giersch wirkt entzündungshemmend und entwässernd und hilft allen mit rheumatischen Erkrankungen. Auch das Olivenöl wirkt entzündungshemmend. Achten Sie dabei besonders auf Bio- und Rohkostqualität. Wenn Sie jedoch lieber kein gepresstes Öl verwenden mögen, dann können Sie stattdessen ungesalzene schwarze Oliven in Rohkostqualität oder Avocados nehmen.
- Wer keinen Knoblauch verträgt oder ihn wegen des intensiven Geschmacks nicht verwenden möchte, kann alternativ zu Frühlingszwiebeln, Schnittlauch, Bärlauch oder Lauch greifen. Die in allen Lauchgewächsen enthaltenen Lauchöle wirken blutdrucksenkend.

Zum Dippen und Draufstreichen ••• CREMIG, SÜSS, WÜRZIG, SCHARF

Meerrettich ••• Banane ••• Ingwer
wasabifaked sushibegleitend

Diese „gefälschte Wasabicreme" passt wunderbar zu Rohkost-Sushi. Sie ersetzt sowohl den üblicherweise dazu gereichten Ingwer als auch den Wasabi, den japanischen Meerrettich. Durch die Banane werden die Schärfe und der eventuell ungewohnte Geschmack etwas eingängiger – vor allem für Sushi-Anfänger. Wer die Kombination aus süß und scharf mag, wird diesen Dip lieben.

- 4 cm Ingwerwurzel
- 2 Bananen
- 4 frischgrüne junge Meerrettichblätter, ca. 20 cm lang, ohne Stiel
- 2 EL Zitronensaft
- Wasser nach Bedarf
- nach Geschmack: Meersalz

Den Ingwer säubern, nötigenfalls schälen und die Bananen schälen. Alle Zutaten im Mixer pürieren. Dabei so viel Wasser zugeben, bis eine cremige Konsistenz erreicht ist. Die Creme in ein Schälchen füllen und zu Sushi oder auch zu Gemüse reichen.

Für sogenannte Maki-Rollen wickeln Sie einfach einen Gemüsereis (zum Beispiel aus Sellerieknollen oder Petersilienwurzeln) und ein paar Paprika- oder Mangostäbchen und Avocadostreifen in ein rohköstliches Nori-Blatt.

➜ Auch lecker
- Wenn Sie die Creme länger stehen lassen, dann dickt sie nach und wird fast streichfest, was noch mehr Verwendungsmöglichkeiten eröffnet. Probieren Sie sie zum Beispiel als süß-scharfe Ergänzung zu Rohkostkäse.
- Für noch mehr authentisches Sushi-Erlebnis können Sie auch Nama Tamari zu den Maki-Rollen servieren. Diese Sojasoße wird zwar aus gekochten Sojabohnen hergestellt, wird nach dem Fermentationsprozess aber roh belassen. Sie ist glutenfrei und könnte auch anstelle von Salz mit in die Creme gerührt werden.

Supergesund

Wasabi wird nicht immer aus dem japanischen Wassermeerrettich hergestellt, sondern oft auch aus Meerrettichwurzel und dann eingefärbt. Unsere Wasabi-Variante ist kräftig grün, weil wir die grünen Blätter vom einheimischen, wild wachsenden Meerrettich verwenden. So enthält dieser Dip nicht nur wertvolle Senföle, sondern auch noch Chlorophyll.

Supergesund *

Kokosöl enthält wertvolle Laurinsäure (fast 60 %), die wegen ihrer vielen positiven Wirkungen auf unsere Gesundheit bekannt ist, unter anderem wird sie gerne als natürliches Antibiotikum beschrieben. Achten Sie beim Kauf auf Bio- und Rohkostqualität.

Mandel ··· Wiesen-Salbei ··· Dost ··· Thymian
apfelzwiebelmandelschmalzig

Okay, ich gebe es zu, diese Komposition ist eigentlich fast kein Smoothie mehr, eher ein leckeres Kräuter-Schmalz – aber ich wollte einfach nicht darauf verzichten, weil es so unwiderstehlich schmeckt und letztendlich neben Mandeln und Kokosöl doch auch aus Obst und Gemüse und jeder Menge gesundem Grün besteht. Also, genießen Sie einfach …

Die Mandeln 1–2 Tage einweichen und danach häuten. Sie können die Mandelhaut aber auch einfach dranlassen und die Mandeln nur einweichen. Das Kokosöl, wenn es nicht ohnehin flüssig ist (ab ca. 24 °C), im lauwarmen Wasserbad schmelzen. Den Apfel von Stiel und Kernhaus befreien, die Frühlingszwiebeln putzen und nur den weißen Teil zur weiteren Verwendung vorbereiten. Die Kräuter von möglicherweise vorhandenen harten Stielen befreien und den Schnittlauch in grobe Stücke schneiden.

Zunächst die Mandeln, den Apfel und die Zwiebeln mit den Kräutern so fein wie möglich mixen und dann das flüssige Kokosöl dazugeben. Nach Bedarf würzen und alles weiter zu einer feinen Creme pürieren. Diese dann in ein Schälchen oder ein Marmeladenglas füllen und so lange kalt stellen, bis sie fest geworden ist. So lässt sie sich wunderbar auf Rohkostbrote oder -cracker streichen. Auf die bestrichenen Brote können Sie noch Zwiebelringe vom Grün der Frühlingszwiebeln, zusätzlich frisch geschnittenen Schnittlauch oder Pfeffer streuen.

- 100 g Mandeln
- 50 g Kokosöl
- ½ Apfel einer gelben Sorte, zum Beispiel 'Renette'
- 4 Frühlingszwiebeln
- 10 junge Triebspitzen vom Dost
- 10 Blätter vom Wiesen-Salbei
- 2 junge weiche Triebspitzen vom Rosmarin
- 10 weiche Triebspitzen vom wildwachsenden Thymian oder alternativ Echten Thymian aus dem Garten
- ½ Bund Schnittlauch
- nach Geschmack: Schwarzer Pfeffer, Meersalz

 Auch lecker
Wer mag, kann diese Mischung einfach mit etwas Sellerieknolle oder Petersilienwurzel und Wasser pürieren und schon ist ein leckeres Süppchen fertig – also doch ein Smoothie!

Kohl-Kratzdistel ••• Avocado ••• Knoblauchsrauke
stielmusig artischockencremeverwandt

Wer italienische „Crema di Carciofi" – zu Deutsch: Artischockencreme – mag, der wird auch dieses Püree aus den Blütenstielen und zarten Hochblättern der Kohl-Kratzdistel mögen. Wie bei der Artischocke könnten auch von der Kohl-Kratzdistel die Blütenböden verwendet werden. Weil sie viel kleiner sind, ist es ein großer Aufwand, sie freizulegen. Dieses Rezept bietet eine schnelle Alternative.

- 40 junge weiche Blütenstiele von der Kohl-Kratzdistel
- 2 Handvoll zarte Hochblätter von der Kohl-Kratzdistel
- Fruchtfleisch von 1 Avocado
- 1 EL roher naturtrüber Apfelessig oder Zitronensaft
- 1 Handvoll Blätter von der Knoblauchsrauke
- etwas Wasser (ca. 50 ml)
- 1 Peperoni
- einige kleine Knoblauchsraukenblätter zur Deko
- nach Geschmack: Meersalz

Die Blütenstiele können Sie, solange sie noch ganz jung und zart sind, ohne weiteres Zutun verwenden. Sind sie schon etwas älter, empfiehlt es sich, sie gegebenenfalls zu kürzen, um alle festeren Teile zu entfernen, und eventuell auch die härteren Fasern am Rand abzuziehen, sodass nur wirklich saftig Grünes übrig bleibt. Für die Menge ist es ausreichend, wenn die Stiele dann eine Länge von ca. 10 cm haben. Die Hochblätter erkennen Sie an ihrer ausgebleichten Farbe, sie umgeben die Blütenstände und lassen sie dadurch wie kleine Spitzkohlköpfe aussehen. Sie sind sehr zart, dennoch sollten Sie die Stacheln am Rand der Blätter vor der weiteren Verarbeitung abschneiden.

Geben Sie alle Zutaten, mit Ausnahme der Peperoni, in den Mixer oder Zerkleinerer und geben Sie löffelweise Wasser dazu, sodass beim Pürieren eine geschmeidige Creme daraus entsteht.

Die Creme können Sie auf Zucchinischeiben oder zu anderem Gemüse servieren oder Sie als Aufstrich auf Rohkostbroten verwenden. Setzen Sie jeweils einen gut gehäuften Teelöffel der Creme auf ein Gemüsescheibchen, dann reicht die Menge für ungefähr 15 Stück. Garnieren Sie dann mit den Knoblauchsraukenblättern und kleinen Peperonikringeln.

➡ Auch lecker
- Lassen Sie die Knoblauchsrauke weg, wird die Creme nicht so dunkelgrün und schmeckt noch milder. Ersatzweise könnten Sie dann eine kleine Knoblauchzehe verwenden.
- Wer es salzig mag, kann anstelle von Salz auch einen Esslöffel Kapern, die in Salz konserviert worden sind, dazugeben und schon wird eine „Crema di Carciofi con Capperi" daraus.

> **Auch lecker**
> Sie möchten keine Marmelade, sondern lieber einen Smoothie zum Trinken? Geben Sie einfach Wasser dazu, bis die gewünschte Konsistenz erreicht ist. Ich löffele die Marmelade auch gerne einfach so, bei so viel gesunden Zutaten gibt es nichts dagegen einzuwenden.

Zum Dippen und Draufstreichen ••• CREMIG, SÜSS, WÜRZIG, SCHARF

Zwetschge ••• Feige ••• Wiesen-Bärenklau
gestrichen marmeladig

Eine rohköstliche Marmelade ist auch nichts anderes als ein unverdünnter Smoothie, wenn man es genau betrachtet. Diese Marmelade können Sie ganz ohne schlechtes Gewissen auch pur essen, sie schmeckt aber besonders lecker auf einem Stück Rohkostbrot, das mit etwas Avocadobutter bestrichen wurde. Ich bin mir sicher, davon wollen auch Sie mehr.

Die Zwetschgen entsteinen; von den Feigen nur den Stielansatz entfernen, die Schale wird mitpüriert. Von den Blättern des Wiesen-Bärenklaus die Fiedern abzupfen, nur diese werden weiterverwendet, denn der Blattstiel ist meist zäh. Alle Zutaten im Mixer fein pürieren.

Die Menge reicht für ein kleines Marmeladenglas und zum dicken Bestreichen von mindestens zehn Scheiben Rohkostbrot. Sie können die Marmelade noch ein oder zwei Tage im Kühlschrank aufbewahren, aber keine Sorge, bevor sie schlecht werden kann, ist sie ohnehin längst aufgegessen.

- 10 Zwetschgen einer süßen späten Sorte, am besten 'Hauszwetschgen'
- 3 große vollreife süße blaue Feigen oder 5 kleinere
- 6 große Blätter vom Wiesen-Bärenklau
- ½ TL Zimt
- 1 TL getrocknete Myrtenbeeren (wenn vorhanden)

Supergesund *

• Der Wiesen-Bärenklau (Heracleum sphondylium) ist im Geschmack frisch mit leichter Sellerienote, insgesamt aber recht neutral und daher eine gut verzehrbare Wildpflanze. In der Literatur wird jedoch darauf hingewiesen, dass sie photosensibilisierend wirken soll, also eine Überempfindlichkeit gegenüber Sonnenlicht auslösen kann. Ich selber habe allerdings noch nie irgendwelche negativen Begleiterscheinungen beobachtet, weder beim Sammeln noch beim Sonnenbaden und auch von meinen Seminarteilnehmern habe ich noch keine derartige Rückmeldung bekommen. Entscheiden Sie selbst, ob Sie ihn verwenden wollen. Eine Alternative wäre zum Beispiel der Giersch.
• Superfood Myrtenbeeren: Sie passen hervorragend zu den Feigen und enthalten unter anderem das Flavonoid Myricetin, dem antioxidative und vorbeugende Wirkung gegen verschiedene Krebserkrankungen bescheinigt wird.

Kürbis ··· Ingwer ··· Gänse-Fingerkraut
karamellwürzig

Für alle, die Aufstriche auch schon mal pur löffeln könn(t)en: Diese Creme eignet sich nicht nur hervorragend für große und kleine Schlecker, um sie auf Apfelscheiben, Rohkostbrote und große Blätter, etwa von der Linde, zu streichen. Wer nicht widerstehen kann, darf sie auch pur naschen – dank Gänse-Fingerkraut und Gewürzen werden auch Zähne und Zahnfleisch gut versorgt.

- 100 g Melonenkerne (ersatzweise Sonnenblumenkerne)
- 200 g Fruchtfleisch mit Schale vom Hokkaidokürbis
- 1 Msp. Gewürznelkenpulver oder 1 Gewürznelke
- 2 cm Ingwerwurzel
- 1 TL Zimt
- ½ TL Koriandersamen
- 5 Datteln 'Medjool' oder eine vergleichbare Sorte
- 1 Zitrone
- 3 Handvoll Blätter vom Gänse-Fingerkraut
- ca. 100 ml Wasser

Melonenkerne, Kürbisfruchtfleisch und die Gewürze sowie die entsteinten Datteln, einen Teelöffel Zesten von der Zitrone und die Blätter vom Gänse-Fingerkraut unter Zugabe des Wassers im Mixer zu einem feinen Püree verarbeiten. Je nachdem wie fest die anderen Zutaten sind, nach und nach nur so viel Wasser zugeben, dass das Püree noch ausreichend Standfestigkeit hat.

Das fertige Püree können Sie beispielsweise auf Apfelscheiben streichen und so einen leckeren Apfelbagel zaubern, den Sie mit Kürbiswürfelchen, Melonenkernen, Kräutern und Zesten von der Zitronenschale noch hübsch dekorieren können. Wenn Sie die Apfelscheiben zuvor mit etwas frischem Zitronensaft beträufeln, werden sie nicht braun.

 Auch lecker

- Eine ganze Gewürznelke führt zu einem starken, mitunter leicht bitteren Aroma; wenn Sie es lieblicher mögen, verwenden Sie nur das Köpfchen der Gewürznelke oder nur wenig Gewürznelkenpulver. Ich mag es gerne intensiv würzig, vor allem wenn ich Äpfel dazu esse.
- Aus dem Püree können Sie ganz einfach leckere Kürbismilch machen: Mixen Sie zwei Esslöffel Püree mit 0,5 l Wasser und genießen Sie die goldgelbe „Milch" frisch aufgeschäumt aus dem Mixer.

Supergesund *

- Gewürznelken gehören botanisch betrachtet nicht zu den Nelken, sondern sind die Knospen des Gewürznelken-Baumes, der zu den Myrtengewächsen gezählt wird. Wertvoll sind sie vor allem durch ihre ätherischen Öle und Antioxidantien.
- Die Gerbstoffe des Gänse-Fingerkrauts wirken zusammenziehend und stärken so unter anderem das Zahnfleisch, die Gewürznelken mit ihren ätherischen Ölen helfen bei der Bekämpfung von Bakterien, damit haben Sie hier eine ideale Kombination für einen gesunden Mundraum.

Spargel ••• Tomate ••• Wegerich ••• Schafgarbe
samtig suppig

„Spargelcremesuppe – das muss doch auch in roh und mit Wildpflanzen machbar sein", war meine Idee. Und was dabei herausgekommen ist, lesen Sie in diesem Rezept. Ich mag diese mildwürzige schaumige Suppe sehr, weil sie genau die Leichtigkeit verleiht, die zur Spargelzeit das Leben schön macht.

Den Spargel schälen und die Tomaten vierteln. Das Fruchtfleisch der Avocado auslösen. Diese Zutaten nun im Mixer pürieren. Dabei so viel Wasser (etwa 350 ml) zugeben, dass eine cremige, nicht zu flüssige Suppenkonsistenz erreicht wird. Dann erst die Kräuter und Gewürze dazugeben und untermixen, sodass die Suppe grün gesprenkelt erscheint. Dazu den Mixer drei- bis viermal bei hoher Umdrehung in kurzen Intervallen anschalten und wieder ausschalten oder die Pulse-Funktion nutzen.

- 120 g Spargel
- 200 g Tomaten
- 1 mittelgroße Avocado
- Wasser nach Bedarf
- 1 Handvoll Kraut vom Gewürz-Fenchel
- ½ – 1 Handvoll Wegerich
- ½ Handvoll junge Schafgarbenblätter
- Schwarzer Pfeffer
- nach Geschmack: Meersalz

 Auch lecker

• Anstelle von weißem Spargel können Sie ebenso gut grünen oder violetten Spargel verwenden, die Suppe wird dann kräftiger im Geschmack.
• Wenn Sie es gerne noch schaumiger mögen, geben Sie einfach einen Teelöffel vom Superfood Shatavari dazu (siehe Seite 52).

Supergesund ✳

Wegerich-Variationen: Für diese Suppe eignen sich am besten der Mittlere Wegerich und der Spitz-Wegerich. Da der Mittlere Wegerich etwas milder im Geschmack ist, können Sie hiervon mehr verwenden als vom Spitz-Wegerich. Wildpflanzen-Anfänger lieben vor allem das Champignon-Aroma des Mittleren Wegerichs, für Fortgeschrittene darf es meist etwas würziger sein. Von beiden Arten können auch die Blüten- und Samenstände mitgenutzt werden.

Tomate ··· Gurke ··· Paprika ··· Portulak
gazpachowild

Gazpacho, das ist der Klassiker unter den kalten Suppen. Hier wird sie wild ergänzt mit Portulak. Die sukkulenten Blätter und Triebe schmecken knackig-frisch und leicht säuerlich. Portulak gilt als eines der weltweit wichtigsten „Unkräuter" und wurde traditionell viel genutzt. Es ist Zeit, dass wir ihn aus der Vergessenheit holen und wieder mehr verwenden.

- 3 Tomaten, am besten von alten intensiv gefärbten Sorten
- 2 größere rohe Gewürzgurken (frisch, nicht eingelegt) oder Minigurken
- 1 kleine gelbgrüne Paprika
- 1 kleine rote Paprika
- 2 Handvoll frische Portulaktriebe mit Blättern und weichen Stielen
- 1 EL Olivenöl
- 1 TL roher naturtrüber Apfelessig
- Schwarzer Pfeffer
- nach Geschmack: Meersalz

Für die Suppeneinlage zusätzlich:
- 1 Triebspitze vom Rosmarin
- 5 Portulakspitzen
- 3 junge Triebspitzen vom Dost
- 1 EL Olivenöl

Das Gemüse putzen und in mixergerechte Stücke schneiden. Zur andalusischen Gazpacho gehört eine „guarnición", eine Suppeneinlage. Dafür von den Gurken- und Paprikastücken etwa ein Drittel zurückbehalten.

Tomaten, Gurken, Paprika und Portulaktriebe mit Olivenöl, Essig und Pfeffer im Mixer pürieren.

Für die Suppeneinlage die zurückbehaltenen und die zusätzlichen Zutaten ganz fein würfeln, mit einem Esslöffel Olivenöl vermengen und auf die Suppe geben. Wenn Sie keine Suppeneinlage möchten oder es einfach schnell gehen muss, mixen Sie einfach alle Zutaten zusammen – fertig ist die Suppe.

 **Auch lecker**

Wenn Sie gerne Knoblauch mögen, können Sie eine Zehe mit der Suppe pürieren. Und die „guarnición" können Sie mit Frühlingszwiebeln noch deftiger gestalten.

Supergesund*

In vielen alten Kräuterbüchern wird der Portulak wegen seiner gesundheitsfördernden Wirkung gelobt. Typischerweise ist er in den etwas wärmeren Regionen Deutschlands, zum Beispiel in Weinbaugebieten, gut zu finden. Er galt als hilfreich gegen Skorbut, einer Mangelkrankheit, die ausgelöst wird durch andauernde Unterversorgung mit Vitamin C. Der kräuterkundige Mediziner Tabernaemontanus empfahl im 16. Jahrhundert den Saft aus Portulak und beschrieb unter anderem die Wirkung gegen „Wackelzähne", eine häufige Ausprägung des Skorbuts.

Steinpilz ••• Sellerie ••• Sauerklee
waldeslustig pilzaromatisch

Ein Pilzsüppchen in Ehren kann niemand verwehren. Doch häufig liest man, dass Pilze roh nicht essbar wären – was für manche stimmen mag, aber nicht für den Steinpilz gilt, der zudem auch roh hocharomatisch ist. Das bisschen Säure, das jede Suppe braucht, liefert hier der Sauerklee und die Pekannusskerne runden alles zu einer cremigen Komposition ab.

Pilze und Sellerie in groben Stücken sowie die Nüsse und den weißen Anteil der Frühlingszwiebel mit so viel Wasser (ca. 400 ml) im Mixer fein pürieren, dass eine cremige Suppenkonsistenz entsteht. Dann die Sauerkleeblätter untermixen, einige zum Dekorieren zurückbehalten. Mit Muskat, Pfeffer und bei Bedarf Meersalz abschmecken. Das Grün von der Frühlingszwiebel in Ringe schneiden und mit den restlichen Sauerkleeblättern zum Dekorieren nutzen.

- 100 g geputzte Steinpilze
- 100 g geputzter Knollensellerie
- 50 g Pekannusskerne, für ca. 2 Stunden in Wasser eingeweicht
- 1 Frühlingszwiebel
- Wasser nach Bedarf
- 2 Handvoll Sauerkleeblätter
- 1 Prise Muskat
- Schwarzer Pfeffer
- nach Geschmack: Meersalz

 Auch lecker
Wenn Sie nur wenig Wasser verwenden, können Sie aus denselben Zutaten ganz einfach einen leckeren Pilzaufstrich herstellen.

Supergesund *

Solls noch etwas Superfood sein? Dann können Sie Chaga- oder Reishipilzpulver dazugeben. Diese Vitalpilze sind der Renner in der internationalen Rohkostszene. Sie wirken immunstärkend und werden als Anti-Aging-Mittel beworben. Reishi wird gerne „Pilz der Unsterblichkeit" genannt. Tatsächlich sind sehr viele allgemein gesundheitsförderliche und auch spezielle Wirkungen dieser und zahlreicher anderer Vitalpilze bekannt. Ein halbes bis ein Teelöffelchen vom ein oder anderen kann hier auf jeden Fall nicht schaden.

Petersilienwurzel ••• Wilde Möhrenblüten ••• Weißdorn
löffelweise zart

Ein Süppchen so leicht und fein, es könnte auch ein Smoothie sein. Entscheiden Sie selber, ob Sie diese Suppe aus dem Teller löffeln oder lieber trinken möchten. Das mild-süße Aroma der Petersilienwurzel macht die Entscheidung nicht ganz leicht. Obwohl klassischerweise eine Suppenzutat, verbindet sie in dieser Kombination ihre Würze mit der Kokosnuss zu einer lieblich-würzigen Kombination.

- 1 junge Kokosnuss (Pagode)
- 300 g Petersilienwurzel
- 2 Handvoll junge Blütenstände von der Wilden Möhre
- 1 Handvoll Weißdornblätter
- feinwürziger Pfeffer, zum Beispiel der Sorte 'Tellicherry'
- Wasser nach Bedarf
- Glockenblumenblüten und andere Blüten von Wiesenblumen zur Deko
- nach Geschmack: Meersalz

Die Kokosnussschale am leicht zu öffnenden Auge abheben und den Saft in ein Glas tropfen lassen. Anschließend die Kokosnuss ganz öffnen, das geht am besten, wenn Sie mit einem Hammer am Äquator der Kokosnuss entlang kräftig auf die Schale schlagen, dann springt sie auf. Dann können Sie das Fruchtfleisch mit einem Löffel von der holzigen Wand ablösen. Die Petersilienwurzel schälen und in mixergerechte Stücke schneiden.

Alle Zutaten für die Suppe im Mixer pürieren und dabei so viel Wasser zugeben, dass sie nicht zu dünn, aber auch nicht zu dick wird (ich nehme etwa 400 ml). Die Suppe in Teller füllen und mit Wiesenblüten dekorieren.

 Auch lecker

Diese Suppe eignet sich wunderbar, um ein spezielles Superfood aus dem Ayurveda zuzugeben. Ein halber bis ein Teelöffel Triphala, ein Pulver aus drei verschiedenen pflaumenartigen Früchten, macht die Suppe noch gesünder. Pur schmeckt Triphala eher etwas unangenehm zusammenziehend und säuerlich, hier verleiht es der Suppe aber geschmacklichen Tiefgang. Triphala gleicht alle drei Doshas aus, sodass alle davon profitieren können.

Supergesund *

Verwenden Sie für diesen Smoothie Möhrenblüten, die noch nicht voll erblüht sind. Sobald sich erste Samen gebildet haben, werden sie in dieser Menge zu würzig. Sie können die Samen, die reich an ätherischen Ölen sind, aber auch als Gewürz verwenden, dann allerdings sparsamer dosieren.

> **Auch lecker**
> • Geben Sie für noch mehr Suppengeschmack einige junge Liebstöckelblätter dazu.
> • Wer den „Gierschspinat" lieber als Gemüse essen möchte, lässt das Wasser weg, nimmt nur die Hälfte der Trauben und püriert die Mischung nicht ganz so fein.

Traube ••• Giersch ••• Weinbergs-Lauch
spinatcremesuppig

Wer erinnert sich nicht gerne an den Spinat von Mama – gut, mit Ausnahme derjenigen, die keinen Spinat mochten. Lange habe ich mit dem Giersch ausprobiert, solch einen zarten leicht süßlichen Geschmack hinzubekommen. Die Trauben haben mir dabei geholfen, Sellerie und Lauch brachten würzige Aromanoten dazu und für Cremigkeit zum Zungeschnalzen sorgte das Mandelmus.

Die Staudenselleriestangen putzen und in grobe Stücke schneiden. Die Trauben halbieren und entkernen; wenn Sie einen Hochleistungsmixer haben, können Sie die Kerne auch belassen. (Verwenden Sie auf jeden Fall kernhaltige Trauben, diese sind ursprünglicher und in der Regel inhaltsstoffreicher als die kernlosen Sorten). Sind die Trauben sehr süß, können Sie auch nur 100 g davon nehmen.

Den Weinbergs-Lauch ebenfalls grob schneiden und dann alles mit Giersch und Mandelmus zusammen in den Mixer geben und pürieren; dabei nur so viel Wasser zugeben, dass eine cremige Suppenkonsistenz entsteht. Nach Belieben würzen.

- 4 Stangen vom Staudensellerie
- 150 g Trauben
- 2 Handvoll zarte, junge Triebe vom Weinbergs-Lauch, ersatzweise ½ Bund Schnittlauch
- 6 Handvoll Giersch
- 2 EL Mandelmus
- etwas Wasser nach Bedarf
- nach Geschmack: Meersalz, Schwarzer Pfeffer, geriebene Muskatnuss

Supergesund ✻

Giersch ist nicht nur zum Anregen des Stoffwechsels die erste Wahl an Wildpflanzen. Nehmen Sie zum puren Verzehr die jungen hellgrün glänzenden Blätter, sie schmecken am feinsten. Für Smoothies und andere verarbeitete Gerichte dürfen es auch schon mal größere kräftig grüne Blätter sein. So finden Sie von Frühjahr bis Herbst immer Verwendungsmöglichkeiten für das „Zipperleinskraut", wie der Volksmund es nennt, weil es gegen alle Zipperlein hilft.

Palmkohl ••• Fenchel ••• Minze ••• Winterwildpflanzen
tiefgrün winterstark

Dieser Smoothie ist vor allem für diejenigen, die glauben, dass es im späten Herbst und im Winter nichts Grünes mehr zu finden gibt. Sie können es einmal auf dem Markt probieren und Ihren Bedarf dort mit grünem Gemüse decken. Und wenn Sie sich dann doch überwinden und rausgehen, dann können Sie die Wildpflanzen sammeln, die auch bei Eis und Schnee noch zu finden sind, etwa Brombeerblätter, Goldnessel und Behaartes Schaumkraut.

- 2 Handvoll junge Palmkohlblätter
- 2 Handvoll Fenchelgrün
- 1 Banane
- 1 Avocado
- 1 Handvoll Grün von der Frühlingszwiebel
- 2 Handvoll wintergrüne Wildpflanzen, wie oben aufgeführt
- 4 Triebspitzen Minze
- Saft von ½ Zitrone
- 1 TL Currypulver
- Wasser nach Bedarf
- nach Geschmack: Meersalz

Aus den Palmkohlblättern die Mittelrippe herausschneiden, den Rest in grobe Stücke zupfen. Sollten Sie Brombeerblätter mit dazugeben wollen, denken Sie daran, auch aus diesen die blattunterseits mit Stacheln besetzte Mittelrippe herauszuschneiden. Die Blätter mit dem Fenchelgrün, dem Fruchtfleisch von Banane und Avocado und den restlichen Kräutern und Zutaten im Mixer fein pürieren. Geben Sie dabei so viel Wasser dazu, bis eine dickflüssige Suppenkonsistenz erreicht ist.

Supergesund *

Wenn Sie mögen, können Sie noch etwas grünes Superfood dazugeben, zum Beispiel einen Teelöffel Spirulina-Pulver. Spirulina sind Cyanobakterien – die auch als Blaualgen bezeichnet werden – und die wegen ihres hohen Nährstoffgehalts bekannt geworden sind. Sie enthalten nicht nur viel Protein, Beta-Carotin und Gamma-Linolensäure, sondern auch das für Blaualgen typische Phycocyanin. Allein schon dieser Inhaltsstoff weist zahlreiche gesundheitliche Wirkungen auf, gilt als immunstärkend, entzündungshemmend, leberschützend und antioxidativ und bereichert so unsere Ernährung (siehe S. 31).

Service

Die Wildpflanzen im Überblick

Deutscher Name	Wissenschaftlicher Name	Seite
Bärlauch	Allium ursinum	31, 95, 99
Beinwell	Symphytum officinale	43
Borretsch	Borago officinalis	51, 62, 63
Brennnessel	Urtica dioica	8, 15, 19, 23, 28, 29, 35, 68, 83
Brombeere	Rubus fruticosus	23, 44, 47, 48, 67, 120
Dost; Wilder Majoran	Origanum vulgare	96, 103
Felsenbirne	Amelanchier ovalis	75
Fichte	Picea abies	40
Fingerkraut, Kriechendes	Potentilla reptans	51
Gänseblümchen	Bellis perennis	31
Gänse-Fingerkraut	Potentilla anserina	108, 109
Giersch	Aegopodium podagraria	17, 19, 31, 35, 99, 107, 118, 119
Glockenblume, Wiesen-	Campanula patula	116
Goji; Bocksdorn	Lycium barbarum	51
Goldnessel	Lamium galeobdolon	23, 56, 120
Gundermann; Gundelrebe	Glechoma hederacea	23, 27, 59
Hagebutte; Rose	Rosa spec.	21, 27, 86, 88
Heidelbeere	Vaccinium myrtillus	14, 59, 76, 77
Himbeere	Rubus idaeus	12, 46, 47, 75, 83
Hopfen	Humulus lupulus	36
Kamille	Matricaria recutita	44
Kanadisches Berufkraut	Conyza canadensis	27
Kleiner Wiesenknopf; Pimpinelle	Sanguisorba minor	15, 63, 96
Knoblauchsrauke	Alliaria petiolata	20, 27, 104
Kohl-Kratzdistel	Cirsium oleraceum	104
Kornelkirsche	Cornus mas	86, 87
Lauch, Dreikantiger	Allium triquetrum	31
Lauch, Weinbergs-	Allium vineale	27, 31, 119
Linde, Sommer- / Winter-	Tilia platyphyllos / Tilia cordata	19, 35, 43, 63, 64, 65, 72, 79, 108
Löwenzahn	Taraxacum officinale agg.	21, 28, 35, 64, 76
Mädesüß	Filipendula ulmaria	76
Malve, Moschus- / Wilde	Malva moschata / Malva sylvestris	10, 19, 23, 63, 65, 68, 71, 80
Maulbeerbaum, Schwarzer	Morus nigra	47

Die Wildpflanzen im Überblick

Deutscher Name	Wissenschaftlicher Name	Seite
Meerrettich	Armoracia rusticana	100, 101
Minze, Grüne, Pfeffer-, Wasser-	Mentha spicata, M. x piperita, Mentha aquatica	60, 79, 120
Nelkenwurz	Geum urbanum	Hintere Umschlagklappe
Pastinake	Pastinaca sativa	84
Portulak	Portulaca oleracea	112, 113
Postelein, Winter-; Tellerkraut	Claytonia perfoliata	60
Ringelblume, Acker-	Calendula arvensis	88, 89
Rose	Rosa spec.	75
Sanddorn	Hippophae rhamnoides	21, 55
Sauerklee, Wald-	Oxalis acetosella	115
Schafgarbe	Achillea millefolium	83, 111
Schaumkraut, Behaartes	Cardamine hirsuta	23, 27, 120, Umschlagklappe
Süßdolde	Myrrhis odorata	39, 92
Taubnessel, Weiße	Lamium album	39
Thymian, Feld-/Sand-	Thymus pulegioides, Thymus serpyllum	103
Veilchen, Wohlriechendes	Viola odorata	31
Vogel-Kirsche; Süß-Kirsche	Prunus avium	44, 75
Vogelmiere	Stellaria media	52
Wald-Erdbeere	Fragaria vesca	43, 74, 75
Waldmeister	Galium odoratum	32, 70, 71, 92
Walnuss	Juglans regia	Hintere Umschlagklappe
Wegerich, Mittlerer	Plantago media	111
Wegerich, Spitz-	Plantago lanceolata	23, 111
Weißdorn, Eingriffeliger, Zweigriffeliger	Crataegus monogyna, Crataegus laevigata	116
Wiesen-Bärenklau	Heracleum sphondylium	107
Wiesen-Labkraut	Galium mollugo	31, 47, 51, 71
Wiesen-Pippau	Crepis biennis	22, 52, 76
Wiesen-Salbei	Salvia pratensis	27, 40, 48, 103
Wiesen-Schaumkraut	Cardamine pratensis	20, 27
Wilde Möhre	Daucus carota subsp. carota	21, 91, 116

Zutaten und Infos schnell gefunden

Adaptogen 48, 52
Algen 14, 28, 35, 72, 120
Ananas 39, 91
Anis 27
Anthocyane 22, 48, 86
Anti-Aging-Mittel 115
Antioxidantien 51, 109
Apfel 8, 15, 25, 29, 39, 48, 51, 86, 87, 103, 108
Apfelbagel 108
Apfelessig 104, 112, Umschlagklappe
Apfelmus 8, 48, 86, 87
Aprikose 84
– getrocknet 68
Aprikosen 44
Aroma 15, 27, 43, 44, 48, 70, 71, 81, 84, 92, 108, 111, 115, 116, 119
Ätherische Öle 23, 40, 60, 83, 84, 109, 116
Aufstrich 10, 84, 104, 108, 115
Avocado 24, 30, 31, 79, 99, 100, 104, 107, 111, 120
Avocadosalat 31
Ayurveda 28, 52, 116

Ballaststoffe 23, 25, 29, 56, 88
Banane 8, 12, 15, 29, 35, 44, 63, 83, 87, 100, 120
Baobab-Pulver 76
Basilikum 61, 96
Baumblätter 16, 35, 52
Beinwell 62
Bewegung 13
biologischer Anbau 24
Birne 64
Bitterstoffe 16, 18, 19, 64, 92
Bockshornklee Umschlagklappe
Borretsch 63
Brombeere 44, 47, 48
Buchweizen 68

Carob 79
Carotinoide 22, 51
Cashew 63, 72, 75, 76
Cashewkefir 63
Chaga 115
Chia 14, 64, 65
Chia-Brei 64
Chia-Pudding 64
Chicorée 16
Chili 27
Chlorella 35
Chlorophyll 21, 22, 62, 100
Clementine 87, 92
Cocktail 43
Creme 76, 79, 80, 96, 100, 103, 104, 108
Curry 120

Dattel 26, 36, 40, 51, 57, 59, 61, 63, 67, 71, 76, 79, 80, 84, 108
Diät 13
Diätprodukte 13
Dicksaft 26
Dip 10, 95, 99, 100

Eggnog 68
Eierflip 68
Eis 10, 15, 43, 60, 83, 91
Eisen 35, 60
Entsafter 29, 43
Erbsen 60, 99
Erbsenprotein 14
Erdbeere 25, 43, 59
Erdmandel 88
Erdmandelmilch 88
Erdnuss 56
Erfrischungsgetränk 72
Ernährungsberatung 15

Farbstoffe 22, 27
Feige 107
Fenchel 120
Flavone 22
Flavonoide 92
Flohsamenschalen 71, 96, 97
Frappé 59
Fruchtaufstrich 84

Fruchtpulver 79
Fruchtsäuren 24
Frühjahrsmüdigkeit 35
Frühlingszwiebel 31, 99, 103, 112, 115, 120

Gazpacho 112
Gelierfähigkeit 10, 88
Geliermittel 72, 96, 97
Gerbstoffe 17, 48, 67, 74, 86, 109
Geschmacksempfindungen 17, 20
Gewürze 23, 27, 55, 68, 84, 108, 116
Gewürz-Fenchel 111
Gewürzgurke 112
Gewürznelke 108, 109
Gierschspinat 118
Giftpflanzen 19, 95
Goji 51
Granatapfel 91
Granita 91
Grünkohl 15, 22, 25
Gundermann 59
Gurke 63, 112

Hagebuttenmark 27
Heidelbeere 14, 59, 76, 77
Himbeere 12, 47, 75, 83
Hippokrates 13
Honigmelone 72
Hummus 95

importierte Früchte 24
Ingwer 27, 35, 51, 100, 108
Irish Moss 72

Joghurt, vegan 60
Joghurtferment 60
Johannisbeerblätter 80
Johannisbeere 9, 10, 47, 80, 81, 83

Kakao 56, 57, 68, 79
Kakaobohnen 14
Kakaobutter 92
Kaki 88

Kala Namak 31
Kalorien 26
Kalzium 60, 67
Kamille 44
Kapern 104
Kardamom 27, 64, 68
Kefir 63
Kefirferment 63
Kichererbsen 95
Kirsche 25, 44
Kiwi 52, 59
Knoblauch 99, 104, 112
Knollensellerie 51, 96, 100, 103, 115
Kokos 39, 71, 80
Kokosmilch 71
Kokosmus 80
Kokosnuss 24, 39, 43, 70, 71, 102, 116
– öffnen 116
Kokosöl 79, 103
Kokoswasser 24, 39, 71
Kompott 84
Konservierungsstoffe 27
Koriander 99, 108
Kräuter-Schmalz 103
Kreuzkümmel 95, 99
Kulturpflanzen 16
Kürbis 108
Kürbismilch 108
Kurkumawurzel 55

Lassi 60, 61
Lauch 25, 99
Lauchöle 99
Lavendelblüten 84
Leistungssteigerung 12, 14, 48
Liebstöckel 51, 118
Limette 44, 72
Limettensaft 43, 44, 51, 72
Lucuma 14, 79
Lysin 56

Macadamia 60
Magnesium 60
Maki-Rolle 100
Mandarine 55

ZUTATEN UND INFO SCHNELL GEFUNDEN

Mandel 25, 59, 64, 68, 80, 96, 103
Mandelmus 119
Mango 29, 39, 61, 63, 71, 100
Mangold 25
Maracuja 36
Marmelade 106, 107
Maulbeere 26, 47, 72, 92
Meerrettich 100
Melisse 71
Melone 52, 72
Melonenkerne 108
Menge 17, 28
Mesquite 56, 79
Milchshake 77
Mineralstoffe 14, 16, 23, 51, 56, 79
Minigurken 62, 63, 112
Mixen 28, 29, 30, 31
– Reste 30
Mohn 67
Mousse 79, 80, 81
Mus 87
Muskatnuss 68, 115, 119
Myrtenbeeren 107

Nahrungsergänzungsmittel 13, 14, 26
Nama Tamari 100
Nektarine 47
Neophyt 51, 88
Nori-Blatt 100
Nusscreme 76
Nüsse einweichen 25, 26
Nussjoghurt 60, 84
Nussmilch 59
Nussmilchbeutel 68, 88, 91
Nusssahne 72, 75

Oliven 96
Olivenöl 99, 112
Orange 35, 39, 68

Pagode 24, 43, 116
Palmkohl 120
Paprika 96, 99, 100, 112
Paprikasamen 25
Paranuss 64
Pastinakenwurzel Umschlagklappe
Pekannuss 115

Pektin 75
Peperoni 27, 51, 67, 95, 104
Pesto 99
Petersilie 22, 35
Petersilienwurzel 25, 100, 103, 116
Pfirsich 43, 84
Pflaume 29, 44
Physalis 55
Phytoöstrogene 17
Pilze 115
Pinienkerne 96
Polysaccharide 51, 72
Postelein 60
Proteine 16, 56, 60
Pudding 10, 31, 71, 72, 88, 92
Pürierstab 28, 43, 59, 75
Pyrrolizidinalkaloide 43

Reishi 28, 115
Rekonvaleszenz 15
Rohkost to go 96
Rose 75
Rosinen 56, 57
Rosmarin 84, 103, 112

Salz 25, 27, 31, 96, 100, 104
Sanddorn 55
Saponine 52
Sauerkirsche 67
Schisandra 48
Schleimstoffe 43, 64
Schnittlauch 25, 96, 99, 103, 119
Schokoladencreme 79
Schoko-Minze 79
Schwarzkümmel 95
sekundäre Pflanzeninhaltsstoffe 14, 16, 17
Sellerie 25, 51, 96, 99, 100, 103, 115, 119
Senfölglykoside 17, 20, Umschlagklappe
Sesam 95
Shatavari 14, 52, 111
Slow-Juicer 29, 43, 48
Smoothies aufbewahren 30
Smoothies kauen 10
Sojasoße 100

Sonnenblumenkerne 67, 108
Sorbet 91
Spargel 25, 111
Spinat 15, 119
Spirulina 31, 120
Stachelbeere 44
Staudensellerie 25, 119
Steinpilz 115
Sternanis 68
Stevia 26
Stoffwechsel 20, 35, 119
Superfood 12, 14, 23, 28, 35, 48, 52, 56, 64, 76, 79, 107, 111, 115, 116, 120
Suppe 10, 25, 31, 51, 60, 99, 103, 111, 112, 115, 116, 118, 120, Umschlagklappe
Suppeneinlage 112
Sushi 100
Süßkartoffel 25, 55, 99

Tahini 95
Tamarinde 40
TCM 28
Tellicherry-Pfeffer 95, 116
Thymian 103
Tomate 25, 61, 96, 111, 112
Tonkabohne 92
Topinambur Umschlagklappe
Tortencreme 72, 79
Traube 24, 118, 119
Traubenkerne 25
Traubensaft 87
Trester 68, 88
Triphala 28, 116
Trockenfrüchte 26, 67, 68
Trockenpflaumen 27
Tropische Früchte 24, 39

Umami 17, 25, 48
Urnahrung 16

Vanille 27, 64, 75
Verrine 96
Vitalpilze 115
Vitamin B$_{12}$ 25, 35

Vitamin C 40, 48, 55, 60, 72, 87, 88, 113
Vitamin E 55

Wackelpudding 72
Walnuss Umschlagklappe
Wasabi 101
Wegerich, Indischer 97
Weiki 52
Weltraumnahrung 15
Wildfrüchte 16, 21, 86, 87
Wildpflanzen
– Abwechslung 20
– aufbewahren 21, 23
– Erkennen 21
– Exkursion 21
– Finden 21
– getrocknet 23
– im Winter 23
– jahreszeitlich 22
– Menge 17, 18, 19, 28
– Sammeln 21, 23
– Verlangen nach 19
– verwenden 21, 23
– waschen 25
Winterwildpflanzen 120

Zimt 35, 44, 48, 64, 68, 107, 108
Zitrone 31, 39, 60, 108, 120
Zitronenmelisse 35, 36, 63, 71
Zitronensaft 15, 39, 48, 56, 60, 63, 76, 80, 84, 95, 99, 100, 104, 108
Zitronenschale 27, 31, 56, 60, 64, 72, 108
Zucchini 95, 99, 104
Zwetschge 44, 107

**Pflanze nicht gefunden?
Schauen Sie auf Seite 122 / 123 nach.**

Dank

Ich danke Maximilian Ludwig, der mit der richtigen Mischung aus Geschwindigkeit und Geduld die Smoothies so fotografiert hat, wie sie natürlicherweise und frisch zubereitet aussehen. Nur so konnten wir ohne jegliche Tricks arbeiten – ganz wild und roh.

Ich danke außerdem meiner Familie und meinen Freunden, dass Ihr mir vertraut und alles, was aus dem Mixer kam, probiert habt. Außerdem danke ich Euch fürs Dasein, Zuhören, Diskutieren, fürs Korrekturlesen, für Eure Beratung zur Bildauswahl und das Ausleihen von Gläsern, Geschirr und Deko. Ein besonderer Dank für Eure Geduld mit mir, und Niki und Xavi für ihre Smoothie-Begeisterung.

Nicht zuletzt möchte ich allen danken, die im Verlag mit der Erstellung dieses Buches zu tun hatten, für eine bereichernde Zusammenarbeit, ganz besonders Antje Munk und Antje Krause.

Die Autorin: Dr. Christine Volm

Forschung und Beratung zur Ernährung mit Rohkost und Wildpflanzen
Vorträge, Seminare, Exkursionen, Fortbildungen und Beratung zur Ernährung mit Rohkost und Wildpflanzen
info@christine-volm.de

Homepage
www.christine-volm.de
Infos zu aktuellen Exkursionen, Seminaren und Veranstaltungen gibt es dort unter „Seminare".

Blog (Online-Tagebuch)
tine-taufrisch.blogspot.com

Twitter
www.twitter.com/wildundroh

facebook
unter „**Christine Volm**", in der Gruppe „**Essbare Wildpflanzen roh-vegan**" und auf der Seite „**wildundroh**"

google+
unter „**Christine Volm**" und in der Community „**wildundroh**"

Zum Weiterlesen

Eggenberg, S., Möhl, A. (2013): **Flora Vegetativa.** 3., ergänzte und überarbeitete Aufl., Haupt-Verlag, Bern

Fleischhauer, S., Guthmann, J., Spiegelberger, R. (2011): **Essbare Wildpflanzen. 200 Arten bestimmen und verwenden.** 9. Aufl., AT-Verlag, Baden und München

Fleischhauer, S., Guthmann, J., Spiegelberger, R. (2013): **Enzyklopädie Essbare Wildpflanzen.** AT-Verlag, Aarau und München

Haeupler, H., Muer, T. (2014): **Bildatlas der Farn- und Blütenpflanzen Deutschlands.** Verlag Eugen Ulmer, Stuttgart

Jäger, E. J. (Hrsg., 2011): **Rothmaler – Exkursionsflora von Deutschland.** Gefäßpflanzen: Grundband. 20. Aufl., Spektrum Akademischer Verlag, Heidelberg

Volm, C. (2013): **Meine liebsten Wildpflanzen – rohköstlich. Sicher erkennen, vegan genießen.** Verlag Eugen Ulmer, Stuttgart

Volm, C. (2013): **Rohköstliches – gesund durchs Leben mit veganer Rohkost und Wildpflanzen.** Verlag Eugen Ulmer, Stuttgart

Ebenfalls hilfreich

www.floraweb.de
(Bundesamt für Naturschutz – Daten und Informationen zu Wildpflanzen und zur Vegetation Deutschlands)

www.giftnotruf.de
(Giftnotrufzentrale Berlin)

Giftnotruf (bundeseinheitlich): Die regionale Vorwahl + 1 92 40 führt zu den Giftinformationszentralen in Berlin, Bonn, Erfurt, Freiburg, Göttingen, Homburg/Saar, Mainz, München

Bezugsquellen

ESSBARE WILDPFLANZEN – SAATGUT UND PFLANZEN
www.blauetikett.de
www.helenion.de
www.hof-berggarten.de
www.kraeuter-und-duftpflanzen.de
www.pflanzenversand-gaissmayer.de
www.syringa-pflanzen.de

VERSAND ESSBARER WILDPFLANZEN ZUM VERZEHR
www.st-michaelshof.de
www.wilde-7.de
www.wild-kraeuter.de
www.wilde-kost.de

Weitere Adressen unter:
www.essbare-wildpflanzen.de

ROHKÖSTLICHE LEBENSMITTEL
Tropenfrüchte
www.tropenkost.de
www.passion4fruit.de
www.orkos.com

Superfoods, Algen, alles für die Joghurt- und Kefirzubereitung, Nussmilchbeutel und mehr
www.pureraw.de

Oliven, Olivenöl, Myrtenbeeren
www.vitaverde.de

Rohköstliche Kokosprodukte
www.drgoerg.com

Weitere Produkte
www.bioinsel-shop.de
www.die-wurzel.de
www.lifefood.de
www.perfektegesundheit.de
www.raw-living.de
www.frohkostgalerie.de
www.vitakeim.de

Bildquellen

Alle Fotos im Innenteil und auf dem Umschlag von Maximilian Ludwig.

IMPRESSUM

In „Meine liebsten Wildpflanzen – rohköstlich" finden Sie nicht nur über vierzig Wildpflanzenarten ausführlich mit ihren Eigenschaften, Fundorten und Verwendungsmöglichkeiten beschrieben, sondern auch zu jeder Wildpflanze ein oder mehrere leckere rohköstliche Rezepte.

Die in diesem Buch enthaltenen Empfehlungen und Angaben sind mit größter Sorgfalt zusammengestellt und geprüft worden. Eine Garantie für die Richtigkeit der Angaben kann aber nicht gegeben werden. Die Angaben zu möglichen medizinischen Wirkungen von Pflanzen entstammen der Literatur, auch der Volksmedizin und traditionellen Anwendungen – sie sind nicht als medizinische Empfehlungen oder Heilaussagen zu werten. Wenden Sie sich diesbezüglich an einen Arzt oder Heilpraktiker. Der Verzehr der im Buch vorgestellten Pflanzen und ihre anderweitige Verwendung erfolgt in eigener Verantwortung. Autorin und Verlag übernehmen keine Haftung für Schäden und Unfälle. Verlag und Autorin sind nicht verantwortlich für die Inhalte der im Buch genannten Websites.

Bibliografische Information der Deutschen Nationalbibliothek
Die Deutsche Nationalbibliothek verzeichnet diese Publikation in der Deutschen Nationalbibliografie; detaillierte bibliografische Daten sind im Internet über http://dnb.d-nb.de abrufbar.

Das Werk einschließlich aller seiner Teile ist urheberrechtlich geschützt. Jede Verwertung außerhalb der engen Grenzen des Urheberrechtsgesetzes ist ohne Zustimmung des Verlages unzulässig und strafbar. Das gilt insbesondere für Vervielfältigungen, Übersetzungen, Mikroverfilmungen und die Einspeicherung und Verarbeitung in Elektronischen Systemen.

© 2015 Eugen Ulmer KG
Wollgrasweg 41, 70599 Stuttgart (Hohenheim)
E-Mail: info@ulmer.de
Internet: www.ulmer-verlag.de
Lektorat: Antje Krause, Antje Munk
Herstellung: Silke Reuter
Umschlagentwurf, Layout und Satz: Antje Warnecke, nordendesign.de
Reproduktion: timeRay, Herrenberg
Druck und Bindung: Westermann Druck, Zwickau
Printed in Germany

ISBN 978-3-8001-8441-5